ÉPONINE

ÉPISODE DRAMATIQUE

PAR

J.-B. BÉNIGNE BUS

DEUXIÈME ÉDITION.

BORDEAUX,
IMPRIMERIE DE JUSTIN DUPUY ET COMP., RUE MONTMÉJAN, 7.
1848

ÉPONINE.

ÉPONINE

ÉPISODE DRAMATIQUE

PAR

BORDEAUX.

IMPRIMERIE DE JUSTIN DUPUY ET COMP., RUE MONTMÉJAN, 7.

1848

CONDITIONS NOUVELLES DE LA POÉSIE.

Dans un temps où écrivains et lecteurs se moquent de la littérature sérieuse, et la déclarent définitivement morte, n'est-il pas ridicule de s'obstiner à la recherche du beau? Je ne justifierai mon entêtement que par la passion.

Et pourtant, ne serait-il pas encore permis d'espérer les beaux jours d'une renaissance? Dans la génération nouvelle, qui pousse celle qui s'en va, ne fermente-t-il pas assez de sève pour faire refleurir les grandes et dignes pensées qui se sèchent sur leurs racines?

Il est permis d'espérer, car en principe, il est incontestable que la nature intellectuelle ne s'épuise pas plus que la nature physique. Il y aura toujours des printemps et des esprits créateurs. Malgré la menace du personnage de *la Métromanie* [1], la pensée humaine n'a pas dit son dernier mot. Le vieillard qui penche peut croire que tout meurt avec lui; mais l'enfant lui répond par sa gaîté et son ardeur. Sur la même tige, près de la fleur qui tombe, le bouton s'enivre de vie.

Toutefois, je l'avoue, la critique doit se montrer de jour en jour plus sévère.

On demandera plus à qui il a été donné davantage. Jamais littérature ne fut plus riche que la nôtre. Nous héritons à la fois des anciens et des modernes; nous avons exhumé les trésors du moyen âge inconnus ou méconnus du grand siècle ; l'Alle-

[1] Ne laissons rien à dire à nos derniers neveux.

PIRON : *Métrom*

magne s'est ouverte. Nous avons la pléiade la plus variée des plus divins poètes. La fournaise où se forgent les chefs-d'œuvre de la poésie et de l'éloquence fait bouillonner à toute heure et à grand bruit le bronze antique et moderne, indigène et étranger qui doit former les statues des nouveaux maîtres. Successeurs des artistes augustes, on veut que vous le soyez à votre tour. On vous demande une *amphore* majestueuse; on ne veut pas de *cuvette* chétive. [1]

La tâche du siècle de Louis XIV était moins grande peut-être que la nôtre. Il traduisait l'antiquité. Il ne nous est plus permis de traduire. Sa part d'originalité était belle; ce n'était qu'une part. Nous avons plus à faire; on veut de nous de l'originalité sans imitation. Ensuite, on n'était pas difficile sur la matière, pourvu que la forme qui était à créer fût irréprochable. Aujourd'hui, tout est dit sur la forme, pour longtemps du moins; le fond ne saurait donc être commun. Boileau racontait un mauvais dîner, les embarras de Paris, un combat de chanoines, et on applaudissait. De nos jours, on accueillerait mal cette fantaisie. Déjà, au dix-huitième siècle, Marmontel se plaignait de la pauvreté des sujets choisis par Boileau, et regrettait qu'il n'eût pas appliqué son talent à quelque chose de plus digne. [2]

On a donc raison d'être difficile, et tout écrivain doit trembler. Mais nos Aristarques, si indulgents pour les frivolités, sont trop cruels pour les hautes tentatives.

Faut-il désespérer? — Jamais. Notre fortune fait l'exigence; cette fortune fera notre force. Nous arrivons au monde aujourd'hui avec des ressources et dans des conditions nouvelles de succès que ne soupçonnaient point nos pères. Les enfants joueront bientôt avec la vapeur, cette puissance motrice qu'il a fallu si longtemps calculer et si longtemps attendre, avant d'en obtenir les résultats qui sont sous nos yeux. Le vieillard qui, du bord de la tombe, a souri au premier wagon, a pu voir l'enfant

[1] Horace, *Art Poétique.*

[2] On aurait tort de voir dans ces paroles du mépris pour le poète auquel nous devons notre vers. Je professerai toujours le plus profond respect pour tout ce qui fut grand; mais le siècle m'emporte: ses exigences me forcent à tenir ce langage.

en layette parcourir la ligne ferrée dans les bras de sa nourrice. Que d'aspirations n'a pas coûtées à ce vieillard cette locomotive, dont il n'a vu qu'un moment la fumée? L'enfant est emporté par la machine ; il en verra toutes les révolutions , tous les progrès. Et qu'a-t-il fait pour cela? Il s'est donné la peine de venir.

C'est ce qui arrive dans les lettres. Ceux qui sont partis n'ont fait qu'entrevoir l'agrandissement que leurs neveux devaient donner aux découvertes déjà faites. — Des découvertes en littérature? me dira-t-on. — Sans doute. Et pour m'arrêter à la poésie (je prends ce mot dans son sens le plus large), nos richesses, celles de l'imagination, de la pensée, du pathétique surtout, sont aujourd'hui incalculables.

Examinons d'abord le pathétique. Les uns disent qu'il est né du christianisme, les autres de l'Allemagne. Il vient du Christ en droite ligne. Qu'il vienne ensuite du Nord, je ne le contesterai pas. Les anciens le connaissaient peu. N'allant guère plus loin que les impressions physiques de la joie ou de la souffrance, ils n'ont pu faire le tour de l'âme humaine. L'Évangile, ainsi que les Pères, débordent d'un pathétique dont le moyen âge s'est pénétré goutte à goutte. Le sentiment de la douleur a fait le pathétique. On a souffert dans tous les temps; mais autrefois la douleur s'éprouvait, elle ne se sentait pas. Depuis que le christianisme est venu sur la terre, il s'est trouvé de grandes âmes qui sentaient leurs joies et leurs douleurs morales, et qui les expliquaient : Augustin, saint Bernard, Pétrarque, le Dante, Pascal, Fénelon. Ce ne sont là toutefois que des individualités qui agissaient lentement sur l'esprit de leur siècle. Mais ce pathétique n'a pas été perdu; s'infiltrant à travers les âges, il s'est déversé dans d'autres grandes âmes, qui s'en sont abreuvées. Celles-ci se sont épanchées à leur tour. Rousseau est le premier en date après Fénelon. La vue des méchants et des malheureux l'attriste. Sa voix n'est qu'une plainte. La douleur l'isole de la foule ; or, la solitude est féconde : sa pensée s'y nourrit; il y contemple la nature; il y réfléchit sur les hommes et les choses, il s'y replie sur lui-même, et le pathétique coule à plein bord. Bernardin hérite de Rousseau. Chateaubriand de

tous les deux. La source gonflée se précipite dans deux canaux
préparés à la recevoir, Victor Hugo et Lamartine. Le pathétique éclate en lyrisme, et jamais lyrisme n'eut un plus beau
triomphe.

Ce que je dis du pathétique, je le dirai de l'imagination et
de la pensée. Les hardiesses de l'imagination sont incroyables.

Depuis Walter Scott et Hugo, je ne vois que des épopées dans
tous ces romans qui *tombent* (l'expression n'est pas de moi) qui
tombent chaque jour des cataractes de la presse. De quelle puissance d'imagination ne témoignent pas *les Mémoires du Diable?*
Il n'est pas de mince écolier qui ne soit capable, à l'heure qu'il
est, d'enfler une anecdote jusqu'aux proportions d'une Iliade.

L'invention provoque l'invention; l'image appelle l'image; la
métaphore excite la métaphore. Usées, elles se renouvellent;
mortes, elles retrouvent la vie. C'est le grain confié au sillon.

La pensée, malgré ses égarements, n'a pas fait moins de
progrès. Ses erreurs même prouvent le mouvement qu'elle s'est
donné pour la recherche des vérités métaphysiques et sociales.
Or, la pensée à son tour sollicite la pensée. Une idée profonde
suscite l'esprit qui creuse immédiatement au-dessous; c'est la
loi.

Comment donc pourrait-on croire à l'impuissance? il y a
plus de génies qu'on ne le pense parmi nous. Il s'agit seulement de se trouver. Enfants prodigues, nous dissipons notre
fortune dans la paresse. Au lieu de rassembler nos trésors sur
un point pour une œuvre monumentale, nous les dépensons en
mille lieux à la fois pour construire des kiosques, frais, élé-
gants sans doute, mais que le moindre vent enlève.

Je le répète, nous arrivons au monde avec des ressources et
dans des conditions nouvelles de succès.

Ainsi, par exemple, il est possible aujourd'hui qu'une même
nature, — mais d'élite pourtant, — rassemble et résume en elle
seule plusieurs natures différentes. Autrefois on classait les genres et les capacités: on disait à l'écrivain : Tu briseras ici l'or-
gueil de tes pensées. Chacun se renfermait dans le genre de ses
moyens. Voltaire est le premier qui se soit révolté contre cet
esclavage : il a compris que l'esprit devait toucher à tout. Soit

vanité chez lui, soit instinct, — je crois à l'instinct, après le
grand siècle cela devait être, — il a demandé aux muses toutes
les inspirations. Voltaire a trouvé cela; or, les découvertes se
continuent toujours, et voilà pourquoi il y a aujourd'hui de tout
en chaque chose. Les natures se fortifient, se transvasent les
unes dans les autres, se pénètrent en quelque sorte, et s'iden-
tifient; il y a de tous dans chacun. Ne vous étonnez plus de
retrouver Homère, Sophocle et Pindare dans le même homme;
ne vous étonnez plus de voir du philosophe dans le poète, du
poète dans le philosophe : M. de Lamartine est philosophe,
M. Cousin est poète.

Tel qui au dix-huitième siècle, ce temps de sécheresse poétique, où Fontenelle donnait de l'esprit à ses bergers, où La-
mothe Houdard outrageait la muse en la faisant pédestre, *musa
pedestris*, où le froid Duclos disait des poésies de Racine : *je
n'aime pas ces vers qui font pleurer, ça me tord la peau;* tel qui,
à cette époque, aurait écrit un poème didactique et froid, comme on en faisait alors, fera aujourd'hui un drame saisissant.

Et ceci n'est point un paradoxe.

Dans le sein du caillou ne vit-il pas une flamme cachée qui
jaillira, si vous le heurtez fortement, qui restera éternellement
enfouie, si le choc n'a pas lieu? Que de choses en nous endor-
mies et peu soupçonnées que le choc ferait jaillir à la lumière ! *

Donc, pour ne parler que de la poésie, l'épopée, le lyrisme,
le drame pourront se mêler dans une même nature, et c'est
par cette fusion des grands genres qu'il est possible aujourd'hui
de créer une œuvre puissante, neuve de fond, neuve de forme.
La grande poésie devrait faire comme la grande musique, prendre tous les tons à la fois, passer des notes ténues et insaisissa-
bles à celles qui se renflent, éclatent et mugissent, de la brise
au tonnerre, de la fleur au cèdre, de l'humble vallée à la mon-
tagne gigantesque. Si l'âme du poète n'est pas un clavier dont

---

* Après cela, je ne prétends pas nier les différences qui séparent telle orga-
nisation de telle autre : la nature est variée dans ses produits; mais je prétends qu'on ne se sait pas toujours tout entier, que le travail et les révolutions
qu'amène le temps, nous révèlent nous-même à nous-même et nous transfor-
ment.

les touches frémissantes répondent à toutes les émotions, elle est nécessairement incomplète.

De tous les genres de poésie, c'est, de nos jours, le dramatique que l'on préfère. Tout converge vers le drame. Pourquoi? C'est qu'il renferme tout. L'instinct de la fusion nous domine; le drame favorise cet instinct, et plusieurs, sans doute, y obéissent sans s'en douter.

J'ai cru devoir adopter ce genre pour l'ouvrage que j'offre au public, parce qu'il faut prendre à son siècle ce qu'il a de bon. — L'intérêt d'une action scénique est plus entraînant que le récit. Qui pourrait le nier? Les passions mises en jeu se heurtent, se combattent en toute liberté, comme les gladiateurs dans le cirque. Les descriptions, les plans de batailles, les énumérations, les discours, les comparaisons, les réflexions philosophiques, ne viennent point empêcher les acteurs, les arrêter dans leur élan, les embarrasser dans leurs évolutions. Le terrain est complètement déblayé de tout ce qui peut être un obstacle au déploiement de leur force et de leur adresse.

Cependant, je n'ai pu, dans cet épisode dramatique, réaliser la fusion des genres; je n'y ai pas trouvé l'œuvre aux grandes proportions que j'ai cherchée ailleurs, que j'ai eu le courage, la témérité peut-être d'entreprendre, et que je me propose de publier l'année prochaine, si l'essai que je donne aujourd'hui a le bonheur de ne pas déplaire, si des voix amies m'engagent à continuer.

Ici on dira : Mais quels sont les sujets que vous avez choisis? car c'est d'abord la première question que l'on pose. Pour mes deux ouvrages, la réponse à cette question peut avoir, avant qu'on y ait réfléchi, quelque chose de peu engageant. Mes deux sujets ne sont pas modernes, moins encore contemporains; or, aujourd'hui écrivains et lecteurs semblent rechercher l'intérêt d'un livre dans une action qui se passe au milieu de nous ou qui a eu lieu tout au plus la veille. C'est contrarier tant soit peu les habitudes. Ma réponse est celle-ci : Le poëte est par caractère l'être le plus libre qui soit au monde. Pour peu qu'il sente le doigt qui le pousse, il est réduit à l'impuissance. Le poëte est partout chez lui : tout est son domaine. Vous

voulez qu'il rompe avec le passé! Cela n'est pas possible. Les
grands hommes et les grandes choses qui ont vécu dans ce passé
ne seraient donc que des cendres stériles abandonnées aux vents?
ou tout au plus que des momies desséchées et ridicules qu'on
laisse dormir paisiblement dans leur tombeau? Rien n'est mort
pour la pensée. Pour elle, hommes et choses sont toujours debout.

Je reconnais pourtant que le poète se doit à son siècle, à ses
contemporains, à ses frères, aux gloires de son pays; je reconnais que l'esprit se porte naturellement avec plus d'ardeur à la
vie actuelle, à celle qu'on respire, dans laquelle on palpite. Je
vois cela : aussi je me hâte d'ajouter que la liberté du poète ne
lui est accordée qu'à la condition de ne pas s'oublier dans les
idées lointaines, et de rentrer dans son temps, dans sa nation,
dans son histoire, le plus tôt possible. Mais soyez tranquille, il
ne se dérobera point à la loi, quand elle est juste; son instinct
le ramènera bientôt.

En attendant, ne coupez pas ses ailes ; qu'il parte, et il ne
vous rapportera point un rameau stérile.

Boileau a dit .

> Tous les genres sont bons, hors le genre ennuyeux.

Permettez-moi de modifier ce vers et de dire :

> Tous les sujets sont bons, hors les sujets manqués.

Ne demandez pas au poète ce qu'il a voulu faire, mais comment il a fait.

Il me reste à parler du style qui, selon moi, convient au
drame. L'auteur d'*Hernani* en a déjà donné et expliqué la théo-
rie : je déclare que je m'y conforme, sauf les points où j'ai cru
trouver des erreurs, car Victor Hugo est un de ces naviga-
teurs hardis et téméraires qui vous poussent souvent sur des
récifs, si vous vous embarquez toujours avec eux.

Quand le poète parle en son propre nom, il lui faut le *non
mortale sonans*. Aussi, dans l'épopée, dans le lyrisme, trouvons-
nous toutes les richesses de la parole. Mais quand le poète se
cache derrière ses personnages, comme le dramaturge dans la

coulisse, derrière les acteurs, il doit rester muet. Or, le personnage ne pense pas et ne dit pas toujours comme le poëte ; il s'élève le plus souvent à sa hauteur, exalté par la situation ou emporté par sa passion, mais quelquefois il agit et parle comme un homme ordinaire. Que suit-il de là ? que si la langue de l'épopée et du lyrisme doit toujours être grande, majestueuse, rayonnante, celle du drame, qui est celle du personnage, doit se montrer tantôt simple, tantôt magnifique. L'expression palpite avec le cœur du personnage. La passion, tantôt contenue, tantôt orageuse, est son véritable thermomètre.

Par conséquent, le vers du drame ne peut pas ressembler aux autres vers. Le poëte reste fidèle à la césure ; c'est son devoir. Le personnage, lui, ne connaît pas la césure. Est-ce à dire pour cela que le style du drame puisse tout se permettre ? Non, certes, nous supposons le personnage, du moins dans les grands sujets, toujours digne du poëte ; mais enfin, il n'est pas poëte, et il serait fâcheux qu'il voulût l'être, car il ne serait pas vrai.

> Mais parle : de son sort qui t'a rendu l'arbitre ?
> Pourquoi l'assassiner ? qu'a-t-il fait ? à quel titre ?
> Qui te l'a dit ?

Est-ce Racine qui parle ? Non, c'est Hermione. Racine parle mieux, quand il veut parler. Il a bien fait de se taire : Hermione est sublime.

Je terminerai ces réflexions déjà trop longues par un mot profond de Talma. Ce mot est toute une révolution. Il reprochait aux tragiques de son temps la pompe de leur style : NE ME FAITES PLUS DE VERS, leur disait-il. Que leur demandait-il par là ? Le personnage et non le poëte. Il ne voulait point, qu'on y prenne garde, que la simplicité allât jusqu'à la négligence. Bien s'en faut ; car, avec ses incorrections de style, l'auteur de *Zaïre* le mettait à la torture ; combien de fois Talma ne s'est-il pas vu obligé de passer lui-même le rabot sur les aspérités des hémistiches de Voltaire !

ARGUMENT DE L'ÉPISODE.

Tandis que Rome se plongeait, à l'exemple de son empereur Vitellius, dans les orgies les plus honteuses, dévorant
la substance des nations vaincues, buvant leurs larmes et leur
sang, ces mêmes nations faisaient entendre, du fond de leurs
douleurs, les frémissements de l'esclavage ; elles brisaient
leurs chaînes, elles appelaient de toutes parts leurs frères à la
conquête de la liberté promise par Velléda, la vierge à la faucille d'or. Plus nombreux que les flots de la mer, les guerriers
se sont réunis à la voix de la vierge dans la forêt sacrée, et la
prophétesse leur a prédit le succès de la révolte et le mas-
sacre des légions romaines. Civilis s'empare de la révolution.
L'occasion est belle : Vespasien dispute la couronne à Vitellius. — L'ignoble empereur, chassé de ses cuisines si chères,
va bientôt, poussé par le peuple, rouler au fond des gémo-
nies. Civilis soulève les Canninéfates, les Frisons, les Tré-
virois, les Tongrois, les Langrois, entraîne à sa suite trois
chefs, Classicus, Tutor et SABINUS. Il écrase les Romains
près de Buderich, détruit les villes qu'ils ont construites sur

le Rhin, et ses troupes le proclament le libérateur de la Batavie.

Mais l'or des Romains a corrompu Velléda : sa tour devient muette ; les échos des forêts ne répètent plus les accents de la liberté. D'une autre part, la jalousie divise les chefs : chacun veut commander ; le faisceau se détruit. Sabinus se fait proclamer César. O ambition ! Tout croule : les Rémois, les Séquanois reviennent aux tyrans. Sabinus veut les punir de cette lâcheté, il est vaincu. Civilis, découragé, lutte encore ; mais ce ne sont là que les efforts d'un gladiateur mourant. Il cède enfin, et ce vaillant soldat que brise la fatalité, *dominé sans doute par cet amour de la vie, qui souvent, selon la pensée de Tacite, amollit les plus grands courages,* s'enfuit, et se retire dans l'île des Bataves.

Sabinus, lui aussi, prend la fuite, emportant avec lui le remords d'une ambition cruellement punie, et le regret d'une liberté qu'il croyait perdue par sa faute. Il s'enfuit, au lieu de mourir les armes à la main ; mais il lui restait une femme, Éponine.

Les Gaulois avaient l'habitude de se faire des cavernes solidement construites, et si adroitement creusées sous des roches, qu'on ne pouvait les découvrir. C'est là qu'ils déposaient leurs récoltes, pour les soustraire aux invasions armées. Sabinus avait aussi des souterrains sous sa villa ; il s'y établit avec Éponine et deux affranchis. Bientôt il a deux jumeaux de sa femme. C'est dans ce *tombeau,* comme l'appelle Xiphilin, dans cet *enfer,* comme dit Plutarque, que *cette lionne* (je me sers des paroles de ce dernier écrivain) *mit au monde ses petits comme dans un repaire, et les y allaita.*

Au bout de neuf ans, ils furent découverts, et conduits devant Vespasien. « Jamais spectacle n'attira une plus grande » foule de monde. La singularité des aventures de l'époux

» et de l'épouse, et surtout les merveilles que l'on publiait
» d'ÉPONINE, * redoublaient la curiosité. Tous les regards se
» confondirent sur eux. SABINUS abattu excita la pitié. La
» démarche et la contenance ferme d'Éponine inspirèrent du
» respect et de la vénération. Elle conduisait ses deux petits
» enfants; ils ne sentaient pas leurs malheurs, et on voyait
» peint sur leur visage le plaisir qu'ils avaient de n'être plus
» dans les ténèbres, et de jouir de la lumière du jour. Leurs
» grâces, leur innocence, et surtout leur joie, si peu conve-
» nable à leur fortune, firent naître dans tous les spectateurs
» une compassion mêlée de tendresse qui leur arracha des
» larmes. Vespasien même parut ému. Se jetant aux pieds
» de l'empereur, ÉPONINE lui dit : *César, vois ces enfants ; je*
» *les ai conçus, je les ai nourris dans un tombeau, afin que*
» *nous fussions plusieurs à te demander la grâce de leur*
» *père.* — Tout le monde fondit en larmes. Vespasien ne put
» retenir les siennes.

» Cependant la raison d'état, la nécessité de faire un grand
» exemple, l'emportèrent sur l'émotion, et Sabinus fut con-
» damné à mort. » **

Plutarque prétend qu'Éponine périt avec son époux (70 ou
71 de l'ère vulgaire).

Ce drame si touchant avait produit à Rome la plus profonde sensation. Deux des plus grands écrivains de l'antiquité, Plutarque et Tacite, ne l'avaient pas jugé indigne de
leur attention. Je trouve dans les *OEuvres morales* de Plutarque un dialogue intitulé : *De l'Amour,* τὴν περὶ φιλοτητην,

---

* Xiphilin l'appelle *Peponilla* ; Plutarque la nomme Ἐμπονινα, ce mot,
dans la langue des Gaulois, signifiait HÉROÏQUE. Tacite écrit *Epponina* ou
Eponina.

** Mémoire de M. Secousse, dans le Recueil de l'Académie des inscriptions.

que ce philosophe a consacré à l'éloge des femmes en général, et à celui d'ÉPONINE en particulier.

Tacite promet dans ses *Histoires* de raconter tout au long
cet épisode; mais malheureusement il fait partie de ses œu-
vres perdues, en sorte qu'il ne nous reste que quelques lignes
de lui sur la chute du malheureux Lingone. [*]

Maintenant c'est au lecteur à juger si, dans la fable que
j'ai créée sur ce fait historique, j'ai abusé de la licence accordée aux poètes.

[*] Tacite: *Historiarum*, lib. III.

PREMIÈRE PARTIE.

PERSONNAGES DE LA PREMIÈRE PARTIE

SABINUS, ancien chef des Lingones.
JULIUS, \
NUMA, } enfants de Sabinus et d'Éponine.
MANTALE, affranchi de Sabinus.
Habitants de la campagne.

La scène est dans une caverne à deux lieues de la ville des Lingones, dans les
Gaules (Langres, en Champagne), soixante-dix ans après Jésus-Christ.

I.

LES ENFANTS.

Mantale se dispose à partir pour aller chercher des vivres à la ville de Langres. C'est le soir ; l'obscurité est profonde.

MANTALE.

L'orage est apaisé, je pars.

SABINUS.

Mais le chemin
Doit être affreux, Mantale ; attends jusqu'à demain.

MANTALE.

Mais la faim n'attend pas ; notre corbeille est vide.

SABINUS.

Va donc, puisqu'il le faut, et que le ciel te guide.

Mantale sort.

JULIUS

continuant une conversation interrompue

Notre mère, réponds, quand la reverrons-nous ?

SABINUS

(avec préoccupation).

Bientôt.

JULIUS.

Je m'endormais le soir sur ses genoux

NUMA.

Elle nous égayait par sa douce parole ;
Triste, sombre, jamais la tienne ne console :
Mon frère et moi pourtant nous t'aimons bien aussi.

SABINUS

(à part, tenant ses fils embrassés).

Que c'est souffrir, mon Dieu ! que de souffrir ainsi !
Rire, les égayer, quand j'ai la mort dans l'âme !
Tant de jours écoulés sans la voir ! Pauvre femme !
Qu'est-elle devenue ? Au cœur de Flavien
La vengeance vit-elle encor ? Ne savoir rien !

(Haut.)

Tu rêves ! triste, moi ! vous jouez, et je pense :
C'est mon âge.

NUMA.

Il te force à garder le silence ?

Je n'aime pas ton âge.

SABINUS.

O mon fils, à tes vœux
Résistai-je jamais? je fais ce que tu veux.
Ton sabot aujourd'hui nous a tous mis en joie;
Dans un cercle éternel il a, sous ma courroie,
Tourné, tourné, tourné, furibond et grondant.
Si vous étiez heureux, étais-je moins ardent?

NUMA.

Tu dis vrai; mais d'où vient, si, laissant là ton âge,
Tu descends à nos jeux, quand je suis tout en nage,
Quand je suis haletant, palpitant, hors de moi,
D'où vient que tout−à−coup tu t'arrêtes? Pourquoi
Ton œil se fixe-t-il? et par quelle pensée
Ton âme est-elle, alors, mon père, traversée?

JULIUS.

Mon frère, il est des jours où l'on a du chagrin.

SABINUS
(à part).

Pour eux, Dieux immortels, faites mon front serein;
Qu'il mente à mes douleurs, et, quand j'y suis en proie,
Donnez-lui devant eux le masque de la joie.

Haut.

Que vas-tu remarquer ? Je n'ai d'autres raisons
De m'arrêter ainsi, quand nous nous amusons,
Que la fatigue, enfant ; je n'ai plus ta souplesse,

A part.

Ni ta légèreté.... — Voyons, point de faiblesse :
Chassons de notre esprit ce noir pressentiment,
Et reprenons un peu, leur mâle enseignement.

Haut et gravement.

Eh bien ! je te dirai, Numa, pourquoi ma tête
Se penche tout-à-coup, pourquoi ma main s'arrête.

Son idée fixe s'empare de lui.

Ton frère est comme moi triste, et toi plein d'ardeur.
Je remonte en idée aux jours de ma grandeur
Quand je vous examine, et je me dis : L'un rêve,
Et l'autre agit. Tous deux, enfants de forte sève,
Peuvent servir un jour à mon noble dessein :
L'un peut le méditer, le couver dans son sein,
L'autre porter à l'œuvre une main plus hardie,
Et tous deux rallumer le premier incendie.
Voyons, répondez-moi : qu'est-ce que Rome, enfants ?

JULIUS
du ton d'un élève qui récite sa leçon.

Une insolente reine, à ses chars triomphants,
Pour s'égaler aux Dieux, par d'ignobles entraves
Attachant et traînant les nations esclaves.

SABINUS.

C'est bien : mais que fait-on contre un joug détesté ?

JULIUS
(sur le même ton).

La guerre.

SABINUS.

Et quel en est le fruit ?

NUMA
(avec explosion, et détournant le sens).

La liberté.

SABINUS
(ravi de ce mouvement).

Comprends-tu bien ce mot où tu mets tant de flamme ?

NUMA
(avec un soupir).

Oh ! si je le comprends ! que de fois dans mon âme
Ne l'ai-je pas tourné, retourné, sans savoir
Comment réaliser la chose ? Quoi ! ne voir
Que ce maudit caveau, manquant d'air et d'espace !
Je le sens à mes pieds, il me faut plus de place.

JULIUS
(avec sentiment et dans un autre sens encore)

Moi, je la comprends mieux la douce liberté :
C'est de ne pas sentir toujours à son côté
L'éternelle douleur qui ronge un tendre père,
Et de ne plus se voir éloigné de sa mère.

SABINUS
(s'enivrant de son idée.)

Ni l'un ni l'autre, enfants, ne comprenez encor.
O mère ! ô liberté ! femme à la bouche d'or !
Fais germer ta parole en leur cœur déposée :
Fais dans cette parole éclater la pensée.
Patience, le jour viendra ; cette prison,
Ce silence ne fait que mûrir leur raison.
Lorsque vous pourrez vivre au milieu de vos frères,
Qu'ils vous entraîneront avec eux dans les guerres,
La forte liberté surgira devant vous,
L'œil en flamme, le sein gonflé par le courroux ;
Vous entendrez sa voix dans les forêts sacrées,
Où les peuples viendront, effrayantes marées,
Palpitant de sa haine et de ses passions,
Faire ensemble rugir les révolutions.
— Tous à la liberté ne seront pas fidèles.
Cependant : gardez-vous de prendre pour modèles

Ceux qui veulent, petits, honteux, se faire grands,
Qui vendent pour de l'or la patrie aux tyrans,
Et dont le front courbé devant Rome maîtresse,
Tout-à-coup, au milieu des Gaules se redresse. —
Oui, mais la liberté, quand se rompra son frein,
Broira tous ces impurs sous son marteau d'airain,
Et leurs noms abhorrés, survivant aux naufrages
Des peuples, flotteront sur l'océan des âges.

(Les enfants, que le sommeil gagnait depuis longtemps, laissent retomber
leurs têtes à droite et à gauche sur leurs épaules. Sabinus s'en aperçoit enfin, et s'arrête.)

Où m'emporte l'idée? Ils ne m'entendent plus.
Ah! les temps ne sont point encore révolus,
Et cette liberté.... Vains fantômes! mensonges!

(Aidant Numa et Julius à se lever. — Avec tristesse.)

Allez dormir, enfants, et faites de doux songes.

II.

INSOMNIE.

La pensée d'Éponine, l'idée des dangers qu'elle court, les malheurs possibles qui menacent sa famille, troublent le sommeil de Sabinus, qui lutte vainement contre ces obsessions.

Chassons ces souvenirs dont mon âme est remplie;
Dormons; ils mèneraient, je crois, à la folie.
Oui, j'ai trop combattu, j'ai trop souvent heurté
Contre le mur d'airain de la fatalité;
Je succombe. Sommeil, prends pitié de mon âme.

Il cherche à se calmer; mais le sommeil ne vient pas.

Non, je ne puis dormir, car toujours cette femme,
Comme un cruel remords est debout devant moi.
Pourquoi l'ai-je laissé partir ainsi? Pourquoi
L'ai-je exposée aux coups de ce sort implacable,
Qui tous les deux depuis si longtemps nous accable?
Est-elle parvenue à Rome seulement?
Partir seule! oui seule! avec son dévoûment.

Avec son cœur de mère, ou plutôt son génie !

A travers les dangers d'une route infinie,

S'élancer et courir, et ne voir que mon sort,

Celui de ses enfants ! Téméraire ! — J'eus tort.

(Il frémit à une pensée.)

J'eus tort de l'envoyer. Oui, morte ; elle doit l'être.

Morte dans le chemin, de fatigue peut-être,

Ou sous le fer caché dans l'ombre. Malheureux !

— A quoi vais-je penser ? Éponine, pour eux

Courageuse et prudente, à Rome est parvenue :

Ma grâce, de sitôt, ne peut être obtenue.

Il faut agir, parler, faire agir. Un César

Ne jette pas ainsi des pardons au hasard ;

Ce n'est point dans ses mœurs, surtout quand la vengeance

A la raison d'état s'unit d'intelligence.

Mon zélé défenseur, Vindex, a des amis ;

Ses amis sont les miens, et l'espoir m'est permis.

Dans le cœur de César la paix de neuf années

Amènera l'oubli des guerres terminées,

Et mes pauvres enfants pourront ouvrir les yeux

Au monde, à la nature, à la splendeur des cieux.

(Des idées, plus poignantes encore que les premières, viennent l'assiéger : son
imagination est tellement exaltée par l'agitation à laquelle il est en proie,
qu'il croit voir les personnes et les choses.)

Non, ne revenez plus avec ces voix funèbres,

Fantômes, laissez-moi ; rentrez dans vos ténèbres :

Je ne vous croirai point. Sans tâche est sa vertu.

Ou, s'ils l'ont attaquée, elle aura combattu.

— Mais pour sauver les siens.... — Fuyez! La croire infâme!

— Elle sera leur mère avant d'être ta femme ;

Élevant sa tendresse au-dessus de la foi,

La mère peut armer l'épouse contre toi.

— Non. — Rome est séduisante. Une folle jeunesse,

L'invitant au bonheur, autour d'elle s'empresse :

Éblouie, enivrée, Éponine descend

Jusqu'au fond des plaisirs par un chemin glissant.

Oublieuse.... — Non pas ; pour tomber dans le crime,

Aurait-elle poussé le dévoûment sublime

Jusques à ce voyage effrayant? Sache bien

Qu'un jour ne gâte pas un cœur comme le sien....

— Si le vice impudent, à l'œil faux, au cœur lâche,

Et friand de vertu, l'attaque sans relâche,

Pénètre ses secrets sous un masque trompeur,

Tout-à-coup se dévoile, et, s'armant de la peur,

Ose lui marchander son amour ou ta vie?

Par la honte ou la mort qu'elle te soit ravie,

Qu'elle expire au gibet ou trahisse sa foi,

Qu'importe? — Laissez-moi! par pitié! laissez-moi,

Pressentiments affreux, dévorantes idées,

Par le silence et l'ombre en mon sein fécondées ;

Souvenirs, laissez-moi : c'est trop, c'est trop souffrir.

Calmez mon cœur, ô Dieux, ou faites-moi mourir!

III.

TENTATION.

(Le père dort profondément. Les enfants, depuis longtemps réveillés, s'entre
tiennent ensemble à voix basse.)

JULIUS.

Oui, depuis quelque temps son sommeil se prolonge;
Il ne dort point la nuit, et le chagrin le ronge.

NUMA.

Il pense à notre mère absente.

JULIUS.

                    Il craint toujours
Que le vieil empereur ne menace ses jours.

NUMA.

Ah! l'empereur maudit! c'est lui qui nous enchaîne.

JULIUS.

Aussi lui vouons-nous une éternelle haine :
Quel mal avons-nous fait ?

NUMA.

                    Sans le César vivant
Tu sais que Sabinus, il nous l'a dit souvent,
Aurait déjà repris sa liberté première.
Dans un autre séjour, éclatant de lumière,
Nous pourrions habiter, et, loin de cette nuit,
Nous aurions plus de jeux, et surtout plus de bruit,
Plus d'espace, plus d'air. Cette prison me pèse.
(Rêvant.)
Loin, bien loin devant nous courir tout à notre aise !
Courir à droite, à gauche, et crier et chanter !
(La main sur le cœur.)
J'ai quelque chose là qui voudrait éclater.
Julius, impossible.

JULIUS.

                    Oh ! oui, comme une flamme
Je ne sais quel bonheur veut jaillir de mon âme.
Parfois, et tout-à-coup, cette flamme s'éteint.
— C'est que nous étions nés pour un autre destin.

Hors de ces sombres lieux, solitude profonde.
Ne nous a-t-on pas dit, frère, qu'il est un monde
Que nous verrons bientôt, quand, frappé par la mort,
L'empereur cédera la couronne au plus fort?

NUMA.

Elle est lente à venir l'heure de délivrance!

JULIUS.

Le remède aux douleurs, frère, c'est l'espérance :
Notre mère l'a dit.

NUMA.

            Mais jusque-là ne voir
Que ce sombre caveau! Je voudrais bien savoir
Ce que l'épaisse nuit de ces tristes retraites
Cache à notre désir de merveilles secrètes.

JULIUS.

Qui produisit les maux? La curiosité.
Pandore ouvrit la boîte.... on nous l'a raconté.
Tu sais bien.

NUMA.

            Je le sais et tremble, quand j'y songe.
Mais pourtant, sentir là ce désir qui vous ronge!

Avec mystère.

Un soir que l'affranchi partait, mon pas suivit,
Dans le long corridor, son pas, sans qu'il me vît;
Il poussa quelque porte, et disparut. Sans doute
Cette porte ressemble à celle de la voûte;
Certes, nous l'ouvrirons; nous ouvrons celle-ci.
Allons, viens.

JULIUS.

C'est un mal, crois-moi, restons ici.

NUMA.

Mais qu'est-il arrivé de fâcheux à Mantale?

JULIUS.

Il remplit son devoir; pour nous serait fatale
La désobéissance : Éponine l'a dit.

NUMA.

Éponine l'a dit ! tu me rends interdit
Avec le souvenir d'une mère adorée.

Réfléchissant, triste et résigné.

D'une mère, il est vrai, la parole est sacrée :

Revenant à son idée. Regardant son père.

Restons. Et cependant.... Comme il dort ! — Il ne faut
Qu'un moment, Julius, pour arriver là-haut :

Un coup d'œil, nous rentrons. Viens, tandis qu'il sommeille.

JULIUS.

Non pas.

NUMA.

Suis-moi.

JULIUS.

Restons.

NUMA.

Suis-moi.

JULIUS.

Je le réveille

NUMA
pleurant.

Je sens que ce désir, mon frère, me tûra ;
Tu veux ma mort : ton cœur te la reprochera.

JULIUS
(attendri).

Je faiblis à mon tour ; mère, viens à mon aide !
Car je ne puis le voir pleurer, ou bien je cède.

(Après quelque résistance, il se laisse entraîner, et tous deux sortent de la
grotte.)

IV.

LA NATURE.

(La campagne — A la vue de la nature ils se sentent muets, et, dans leur stupéfaction, leurs regards errent de tous côtés. Le jour commence.)

NUMA.

Qu'est cela? que c'est grand! que c'est beau!

Voyant le ciel.

C'est tout bleu!

JULIUS
voyant les étoiles.

On dirait... on dirait.... comme des grains de feu
Sur une robe immense.

NUMA.

Oh! dans cette étendue,
Frère, ne sens-tu pas ton âme suspendue?

JULIUS.

Dire ce que je sens, dire ce que je vois,
Numa, c'est impossible.

> Les vents soufflent dans la forêt.

NUMA.

Et d'où viennent ces voix
Qui grondent ?

JULIUS.

Je ne sais.

(Ils restent quelque temps dans une extase qui les rend immobiles et leur ferme la bouche. — Du côté de l'orient, le ciel est en feu. Le soleil va se lever. La lumière augmente par degrés. Un rayon de soleil s'échappe de la ligne horizontale, et toute la campagne en est illuminée. Ne pouvant soutenir cet éclat, les enfants ferment les yeux. Quand ils les ont rouverts, le disque paraît sur la ligne.)

NUMA.

Vois cette lampe ronde ;
On dirait qu'elle monte à la voûte profonde.
C'est elle qui devait, dans un séjour nouveau,
Sans doute, remplacer la lampe du caveau.

JULIUS

O lampe merveilleuse !

NUMA.

O lumière divine !

JULIUS.

Cet air que je respire est doux à ma poitrine :
Oh ! j'en avais besoin.

NUMA.

Mon frère, il coule en moi
Je ne sais quelle force.

JULIUS.

Et je suis comme toi ;
D'un bonheur inconnu mon âme se dilate.

NUMA.

Frère, je n'y tiens plus, frère, il faut que j'éclate.

Numa bondit et pousse des cris perçants. Julius, effrayé, lui fait signe de se
taire, et se tourne du côté du caveau.

(Voyant des fleurs.)

Ami, voilà des fleurs comme nous en portait
Mantale, l'affranchi, chaque fois qu'il sortait.

Numa en cueille une, et la présente à Julius, après l'avoir sentie.

Que c'est joli ! vois donc. La bonne odeur ! respire :
Oh ! ne pouvoir rester dans ces lieux !

(Un rossignol se fait entendre. — Chant plaintif.)

Qui soupire ?

Entends-tu soupirer et gémir ?

JULIUS
(effrayé).

Oui, j'entends.

NUMA.

Qu'est cela ?

JULIUS
(toujours effrayé).

Je ne sais.

(Le rossignol chante. — Trilles animés.)

NUMA.

Oh ! quels sons éclatants !
C'est un oiseau.

JULIUS.

Bien triste il semblait tout à l'heure :
On eût dit de quelqu'un qui se plaint et qui pleure.

NUMA.

Tout-à-coup l'allégresse a jailli de son sein.

JULIUS.

C'est comme nous.

NUMA.

Oh! oui, nous avons le cœur plein
De bonheur maintenant. Il était gros de larmes
Dans cet antre fatal!

JULIUS.

Si j'en crois mes alarmes,
Ces douleurs reviendront.

Le rossignol recommence ses chants plaintifs.

NUMA.

Il pleure de nouveau.

JULIUS.

Présage de malheurs! rentrons dans le caveau;
Nous avons offensé les Dieux : car c'est un crime
D'être sorti. Les Dieux nous creusent quelque abîme.

*Un troupeau arrive tout-à-coup de leur côté. On ne voit que les premières
brebis. Les bergers ne paraissent pas à cause des accidents du terrain.*

NUMA
effrayé

C'en est fait!

JULIUS.

Qu'ai-je dit?

NUMA
épouvanté.

O mon frère!

(Ils regagnent la grotte et rentrent. Les aboiements d'un chien se font entendre.
Au moment où ils se perdent dans le corridor, le chien bondit de leur côté;
mais les enfants ont refermé la porte sur eux. Les bergers accourent aux
aboiements du chien.)

PREMIER BERGER.

Mon chien....

Mon chien cherche une proie, et j'ai vu — pas trop bien.

Un tertre me cachait.... — Et toujours il aboie.

(A son chien.)   (A son compagnon.)

Bien; fouille avec ardeur. — Nous sommes sur la voie.

Nous allons.... quel taillis! on s'y perd.

(Le chien reste tout-à-coup immobile, la tête dans le sable.

Arrêté!

(Au chien.)

Tu l'arrêtes? va donc!

SECOND BERGER
(avec exclamation).

Un autre!

PREMIER BERGER.

En vérité;

SECOND BERGER.

J'ai passé mille fois à côté de cet antre,
Sans soupçonner jamais.

PREMIER BERGER.

Il faut donc savoir....

(Au chien, en l'excitant.)

Entre,

Entre vite, mon chien.

Le chien entre dans la grotte, et revient bientôt, aboyant plus que jamais.)

Qu'a-t-il vu ?

(Au second berger.)

Je t'attend;

Va chercher des amis, et reviens à l'instant.

V.

DÉCOUVERTE.

Sabinus se réveille en sursaut, et se lève sur son séant.

SABINUS.

J'ai dormi bien longtemps.

(Il appelle.)

Numa !

(Silence.)

Mais il me semble....

Je n'entends rien.

(Il s'élance de son lit et court à celui de ses enfants.)

Leur couche est déserte ! Je tremble....

Où sont-ils ?

(Il appelle.)

Mes enfants !

(Silence.)

Ils ne répondent pas.

Les enfants, terrifiés, rentrent enfin aux cris répétés de leur père. — Sabinus
appelle encore.

Julius!

Se rassurant, après les avoir entendus.

Calmons-nous, voyons, j'entends leurs pas.
Pourquoi sont-ils allés dans cette galerie?
C'est Numa qui voulait m'effrayer, je parie.

Remarquant leur agitation.

Mais qu'est cela? d'où vient cette affreuse pâleur?
Vous tremblez tous les deux....

(Il entend les aboiements du chien.

N'entends-je point? Malheur!
Nous sommes découverts! Oui, lancés sur ma voie,
Les chasseurs de César viennent saisir leur proie.

Riant.

Nous sommes découverts!... Non, ce n'est point cela.
On poursuit quelque cerf, quelque renard, voilà.
Enfants, rassurez-vous.

Les enfants sont dans la même consternation. Le père s'en étonne.

Encore! qu'est-ce à dire?
Toujours même frayeur! voyons, vous pouvez rire
De l'alarme qu'un chien.... oui, nous étions trois fous:
Votre père l'était encore plus que vous.

Numa, l'auteur de tout le mal, verse des larmes.

Numa pleure! qu'a-t-il?

(Numa tombe aux genoux de son père.)

A mes genoux !

NUMA

(suppliant).

Mon père,

Pardon !

SABINUS

(étonné

A Julius.)

Te pardonner ! de quoi !.... Qu'a-t-il pu faire ?

(Il marche vers la galerie, écoute, et revenant, à part.

Il ne s'éloigne pas : je finirai, vraiment,
Par avoir peur aussi.

Les deux enfants sont tous deux à genoux.

JULIUS.

Pardon !

NUMA.

Pardon !

SABINUS.

Comment !

(Avec explosion.)

L'épouvante les glace.... Oh ! quelle horrible idée !
Si d'un désir fatal, l'âme trop possédée,

Ils avaient....

(Les enfants se taisent et baissent la tête.

Ce silence explique tout. — O Dieux !

Ne m'auriez-vous caché dans la nuit de ces lieux
Que pour me prendre un jour mes fils, et ma famille
Serait-elle le grain mûri pour la faucille ?
Oh ! j'aurais dû prévoir, leur défendre.... insensé ! —
Je leur ai défendu pourtant. — Non, je les ai,
Par ce fatal sommeil, livrés, perdus moi-même.
Je dormais, et pour nous sonnait l'heure suprême.

(A Numa.)   (Avec délire.)

On vous a vus, réponds ? Qui donc ? qui vous a vus ?
Mais de toute sagesse êtes-vous dépourvus
Que vous ne sachiez pas ? — Je suis fou, — c'est ma faute,
Je n'ai pas refermé la porte de la grotte.
Quand Mantale est parti. Le ciel a constamment,
A celui qu'il condamne, ôté le jugement.

(Il se précipite dans la galerie pour bien fermer la porte, et revient.)

Il ne s'éloigne pas, et l'on veille sans doute.
On n'ose pas encor pénétrer sous la voûte ;
Mais la foule grossit, et, brutale, sans frein.
Elle fera rugir bientôt le souterrain.

(Avec l'ironie et le calme du désespoir.)

Le sort qu'on dit aveugle est une intelligence
Qui médite le mal que nous veut sa vengeance ;
Il m'épargna toujours les vulgaires douleurs,

Il veut que mes malheurs passent tous les malheurs.

S'il fait croire à ma mort par mes villas en cendre,

Si dans cet antre obscur sa main me fait descendre,

S'il daigne m'envoyer un de ces cœurs aimants,

Le modèle achevé de tous les dévoûments;

Raffinement cruel! si, bénissant ma couche,

Il suspend tout-à-coup deux jumeaux à ma bouche,

Et s'il berce neuf ans l'âme du révolté

De ton espoir trompeur, liberté, liberté,

Ce n'est que pour, plus tard, mieux torturer sa proie,

Et faire pénétrer l'enfer dans chaque joie. —

Cet asile n'est plus qu'un antre où les chasseurs

Croient trouver des renards ou des loups ravisseurs :

Il arme contre moi mes fils, toute mon âme,

Pour qu'elle me devance, il fait partir ma femme ·

César va la saisir, si ce n'est déjà fait.

Je te rends grâce, ô sort, ton ouvrage est parfait.

(Avec explosion.)

Quoi! résignation, larmes, soucis d'un père,

Soins d'une épouse, espoir dans un temps plus prospère,

Heures que nous passions, si lentes à couler,

Le père dans l'attente, et la mère à trembler,

Quoi! tout cela perdu! quoi! j'aurais fait un rêve

Neuf ans!... et c'est ainsi, roi des Dieux, qu'il s'achève!

(On entend du tumulte au dehors.)

C'est fini.... les voilà.... malheureux! malheureux!

— Si j'étais seul ici! mais ces enfants! pour eux

Il faut me conserver, il faut de la prudence.

Rendons-nous. — Qu'ai-je dit? — Leur foule se condense,

Comment les repousser? Rendons-nous à César.

— Lâchement? — Mon épée! et formons un rempart;

N'allons pas leur offrir une prompte victoire.

Il se revêt de ses armes, cuirasse, casque et bouclier. Il prend un arc et des flèches. Il met l'épée au côté.

Il faudra bien se rendre enfin, mais pas sans gloire.

Il se barricade. — La foule envahit la galerie, après avoir rompu la première porte. Les enfants, effrayés, se blottissent contre une paroi. On attaque la seconde porte à coups de hache. Une large ouverture est pratiquée, à travers laquelle apparaissent les têtes de la foule, éclairées par la lueur sanglante des torches. Sabinus tient son arc tendu, prêt à tirer.

VI.

LE PÈRE.

———

DES HOMMES DE LA FOULE.

Un homme seul! — Vraiment! — Je n'ai vu jusqu'ici
Qu'un homme : il est armé de pied en cap. — Ainsi
Longue et vive, je crois, sera la résistance.
— J'attache à cette prise une grande importance,
Car cette armure indique un chef de légion.
— Le chef des scélérats de notre région,
C'est ce que tu veux dire. Enfonce.... Bien....

(La porte est prête à céder.)

Sans doute

Ses autres compagnons, pour piller, sont en route.

(On lance deux chiens.)

En avant! en avant!

Sabinus tire sur les chiens.

    — Morts tous les deux ! — Eh bien,
Nous-mêmes en avant ! et tombons sur ce chien.

(La porte se renverse, et on se précipite. Sabinus tire l'épée et se couvre de
son bouclier.)

  — L'orbe du bouclier le protège et repousse
De nos vieux javelots la pointe qui s'émousse.

     Les assaillants gagnent toujours du terrain.

  — Enfin, nous le tenons.

     (Apercevant les enfants.)

    Ah ! je ne voyais pas
Les petits oisillons ; il nous faut, dans ce cas,
Changer notre tactique, et frapper la couvée :
Notre œuvre n'en sera que plus tôt achevée.
Glissons-nous jusque là.

     SABINUS
   jetant ses armes, les bras tendus, et avec explosion.

    Non, ne les tuez point.

      (La troupe s'arrête.)

Je me rends. Seriez-vous barbares à ce point ?

   Haletant.

Je me rends. Parmi vous, s'il se trouve des pères
Qui veillent, comme moi, sur des têtes bien chères,
Ils voudront épargner ces enfants. La fureur
Qui vous pousse est aveugle, injuste, et votre erreur
Est grave, assurément, de croire que ma vie
Est coupable, et qu'au mal mon âme est asservie.

Si vous saviez! des pleurs couleraient de vos yeux.

Amis, voilà neuf ans que j'habite ces lieux;

J'ai souffert! mais ces mains sont pures de tout crime:

Je fus grand, mais le sort m'a jeté dans l'abîme;

J'eus de l'ambition, voudrais-je le cacher?

Le seul mal que les Dieux puissent me reprocher.

(Se rapprochant de la foule.)

Écoutez : je suis né sous votre ciel, mes frères,

Vous ouvrirez votre âme à des desseins contraires.

Je voulais affranchir, ces faits vous sont connus,

Frères, notre pays. Je suis ce Sabinus.

Qui combattit pour vous, et disputa la Gaule

Au vieux Vespasien qui règne au Capitole.

(Mouvement dans la foule.)

On me crut mort, on croit encor que je le suis.

Seul, j'aurais pu mourir. Oh! non, j'aimais.... je fuis.

Comment ne pas l'aimer, mes amis, cette femme

Qui partagea mon sort, Éponine? Quelle âme!

O mes frères. quelle âme! Elle fut mère un jour;

Pitié d'elle! voilà les fruits de cet amour.

(Nouveau mouvement.)

Neuf ans d'espoir trompé! de larmes et de rage!

Regardez, mes malheurs se comptent par leur âge:

Pitié pour eux aussi! Que n'ai-je pas souffert

De les voir avec moi perdus dans cet enfer!

Qu'ont-ils fait, cependant, pour que le sort les brise!

Entrecoupant ses paroles.

Pas le moindre rayon, la plus légère brise,
Pour ranimer un peu ces enfants, ces deux fleurs,
Fleurs jumelles qui n'ont grandi que sous nos pleurs !

Avec des larmes.

Ce matin.... ce matin.... ce souvenir m'arrache,
Malgré moi, des sanglots, je dormais — sous la hache ! —
Imprudent ! je dormais, quand j'aurais dû veiller.
A peine venaient-ils tous deux de s'éveiller,
Que la tentation de voir et de connaître....
Ils sentaient le besoin, nature, de renaître
Et de te respirer enfin ! Ils ont couru !
Qu'ils devaient être heureux ! mais vous avez paru.

VOIX DANS LA FOULE.

Mes amis, croyez-moi, laissez vivre cet homme.
— Je ne le connais point, je veux gagner la somme.
— Ne le décelons point; ses enfants m'ont touché.
Regardez.... qu'ils sont beaux ! je serais bien fâché
Que la hache coupât deux têtes si charmantes.
— Et ne voilà-t-il pas qu'aussi tu te lamentes ?
Les larmes t'ont gagné ? Coupable envers César,
Il doit être puni. Veux-tu donc prendre part
A son crime en cachant le lieu de sa retraite ?
Forceras-tu ta langue à demeurer muette ?

Non pas, nous le tenons, faisons notre devoir.

— Homme sans cœur ! — Je veux…. — Eh bien ! nous allons voir.

SABINUS
(avec le calme de la résignation).

Non, arrêtez ! le sang coulerait sous la voûte.

— C'en est fait, et les Dieux ont prononcé sans doute.

Si le père a faibli, pardonnez-moi, j'eus tort,

Mais l'homme est revenu ; j'accomplirai mon sort.

FIN DE LA PREMIÈRE PARTIE.

DEUXIÈME PARTIE.

PERSONNAGES DE LA DEUXIÈME PARTIE.

ÉPONINE, femme de Sabinus.

LUCIUS, consul, protecteur d'Éponine.

VINDEX PÈRE, personnage consulaire, protecteur d'É-
ponine.

VINDEX FILS, questeur, ennemi de Lucius.

LE PRÉTEUR DE ROME.

SÉNATEURS.

VESPASIEN, empereur.

COURTISANS.

SABINUS, mari d'Éponine.

GEOLIER.

GEOLIÈRE.

MANTALE, affranchi de Sabinus.

JULIUS. ⎫
⎬ enfants de Sabinus et d'Éponine.
NUMA. ⎭

Esclaves.

Le peuple.

Licteurs, etc.

La scène se passe à Rome   même année

I.

L'AMI.

VINDEX PÈRE

(à Lucius, amoureux d'Éponine. — lui parlant d'elle).

Ses jours sont en péril, entendez-vous? — Ses pleurs
Vous devez les tarir; plus encor, — vos douleurs,
Les lui sacrifier. Vous aurez ce courage;
Vous ne ressemblez point aux Romains de notre âge,
Vous ne ressemblez point à cet enfant perdu,
L'opprobre de mon nom, que je n'aurais pas dû,
Dans un siècle pervers,—malheureux,—mettre au monde,
Cœur d'orages rempli comme une mer profonde.
Oubliez cet amour impossible, et songez
Qu'elle s'expose, à Rome, aux plus graves dangers.

(Il entre dans le temple.)

LUCIUS
(seul).

Et peut-être qu'un autre.... Où va donc ma pensée ?
De mes seules douleurs mon âme est oppressée.
Tandis que je devrais, cruel, m'entretenir
Des dangers dont il parle. Elle tarde à venir !

Éponine paraît. Il court à elle.

Ah !

ÉPONINE.

J'ose espérer tout de ce grand caractère.
Et le jour est venu d'expliquer le mystère.
Votre amour m'effrayait. — Comment fuir? un devoir,
Le plus sacré de tous, m'ordonnait de vous voir.

LUCIUS.

Mais Sabinus est mort. Trop vertueuse épouse.
Craignez-vous d'outrager sa mémoire jalouse?

ÉPONINE
(lui rappelant ses promesses).

Resterez-vous fidèle à ce premier serment ?

LUCIUS.

Toujours.

ÉPONINE.

Sans espérance ?

LUCIUS.

Hélas !

ÉPONINE.

Par dévoûment ?

LUCIUS.

Je suis prêt.

ÉPONINE.

Écoutez, il y va de la vie
D'êtres qui me sont chers, et que je vous confie.

LUCIUS.

Parlez.

ÉPONINE.

Cet habit noir, ce voile.... vous tremblez,
Et pâle est votre front. Parlerai-je ?

LUCIUS.

Parlez.

(Avec trouble.)
Cet habit noir, ce voile ?...

ÉPONINE.

Ont menti, je l'avoue ;

Pour moi qui vous mentais, votre âme se dévoue :
Je ne fus jamais veuve.

LUCIUS
(atterré).

O Ciel !

ÉPONINE.

Votre raison
Comprendra ce secret et cette trahison.
(Silence.)

LUCIUS.

Sabinus est vivant !
(Silence.)

ÉPONINE.

Eh bien ! était-ce un crime ?
(Silence.)

LUCIUS.

Sabinus est vivant ! — Une vertu sublime
Rayonnait sur ce front. Oui, je crois entrevoir....
C'est la vertu qu'en vous j'aimais. Je veux savoir.

ÉPONINE.

Oui, oui, je vais parler : mon histoire est un rêve :
J'ai peur que dans le sang bientôt il ne s'achève.
— Vous savez qu'il voulut de Rome et de ses lois
Affranchir et lui-même et le peuple gaulois :

Il fut vaincu. Sa vie eût fini par l'épée ;

Son âme d'Éponine était trop occupée,

Il vécut, et s'enfuit au fond d'un souterrain.

Où dormaient enfouis, l'or, l'argent et l'airain.

Sa fortune et ma dot, richesses inutiles,

Et le bruit de sa mort retentit dans nos villes,

Car, pour tromper César, tout-à-coup il brûla

Ses vignes, ses moissons, ses vergers, sa villa.

Mais il vivait. Je feins une douleur profonde,

Je prends le deuil, je pleure et je renonce au monde ;

Je suis veuve, on le dit, on le croit. Cependant,

Par l'ombre d'une nuit, l'affranchi me guidant,

Je vole. Oh ! quel enfer ! Mais il est là ! je touche

Son front, ses yeux, ses mains ; j'entends sa voix ; ma bouche,

Mon cœur sent palpiter mon Sabinus vivant !

Si l'on nous découvrait ! Nous tremblons bien souvent.

Un bruit d'armes toujours résonne à mon oreille ;

A toute heure j'écoute, à toute heure je veille.

Un jour, mon sein frémit. Serais-je mère ? O Cieux,

Si cet enfant doit vivre avec nous dans ces lieux,

Ne me le donnez point ! Joie et pleurs ! je suis mère.

Ils naissent dans ma nuit, — verront-ils la lumière ?

Ils sont deux, tout riants, suspendus à nos cous,

Et nous tremblons encor, mais ce n'est plus pour nous.

— Voilà donc le secret de cette pauvre femme.

Pardonnez à ce deuil qui trompait votre flamme.

Mère, épouse secrète, et veuve aux yeux de tous,
Je n'ai pu jusqu'ici m'expliquer avec vous.

LUCIUS.

O vertu !

(Silence.)

Mais comment repousser votre image ?
Je sens que je vous aime encore davantage.
(Avec force.)
Qu'ai-je dit ? contre moi je saurai m'irriter :
Éponine, aujourd'hui je veux vous imiter ;
Oui, oui, de dévoûment nous lutterons ensemble,
Et je veux me créer un cœur qui vous ressemble.
Remettez, remettez en mes mains votre sort,
J'arrache deux époux, deux enfants, à la mort.
Ma main, vous retirant de cette nuit profonde,
Va vous rendre au soleil, à la nature, au monde.

ÉPONINE
(à part).

Que ce front à mes yeux rayonne de candeur,
De bonté généreuse et d'honnête pudeur !

LUCIUS
(gravement).

Et maintenant rentrons dans le temple. —

(Avec résignation, et laissant tomber lentement ses paroles.)

J'oublie,

Et ne veux plus songer qu'au serment qui me lie.

Je souffre, mais enfin, je vaincrai ma douleur;
Mon malheur se taira devant votre malheur.

ÉPONINE
(à part).

Ciel, bénis ses efforts.

(A peine sont-ils entrés dans le temple que, par le côté opposé, arrive Vindex
fils, tenant en main un manuscrit.)

VINDEX
(seul).

Ils sont encore ensemble!
Comme je vais troubler l'amour qui les rassemble!
Comme ils me paîront cher le plaisir de se voir!
S'ils lisaient dans mon cœur! et s'ils pouvaient savoir
L'arme que le hasard vient offrir à ma haine,
Et contre Lucius ma vengeance prochaine!
Ce n'était pas assez de plaire à l'Empereur;
Pour augmenter encor ma jalouse fureur,
Heurtant la passion qui s'agite en mon âme,
Il vient me disputer le cœur de cette femme!
Amant heureux, adroit parmi les courtisans,
Je te hais, Lucius, et j'ai des partisans,
Des jaloux dangereux; leur blessure est profonde,
Elle a crié déjà sous le doigt qui la sonde.
Contraire si longtemps, la fortune nous sert;
Je vais te voir crouler, car voici qui te perd.

(Il frappe sur le manuscrit qu'il tient à la main.

On doit, par un discours, enflammer, sous les tentes,

Parmi nos légions, les âmes mécontentes ;

Un complot est formé contre Vespasien.

De grands noms, Lucius ! — on y verra le tien.

Mais par là je m'assure une seconde joie,

Et ta veuve, aujourd'hui, va devenir ma proie.

Ses rapports avec toi me servant de raison,

Je l'entraîne, ce soir, de force, en ma maison ;

(Avec ivresse.)

Et demain l'on t'accuse, et demain l'on t'arrête,

Et demain cette foudre éclate sur ta tête.

(On entend le bruit de la foule qui sort du temple.)

Je vais au plus tôt.... Non, ne faisons pas d'erreur,

Et laissons Lucius seul avec l'Empereur.

(Il s'éloigne et se cache derrière les colonnes.)

II.

CÉSAR.

(La porte du temple s'ouvre, laissant voir l'intérieur, où s'achèvent des sacri-
fices. L'enceinte se vide, et Vespasien s'avance du côté du vestibule, suivi
de quelques courtisans. Un échanson présente à l'Empereur une coupe d'argent, et lui verse du vin pour qu'il fasse encore une libation.)

VESPASIEN
(levant la coupe)

A Jupiter Stator ! c'est par lui qu'on me nomme
César, moi Flavien, simple soldat de Rome.
Je n'en fus jamais fier. Consul, empereur, roi,
On l'est pour son pays, on ne l'est point pour soi.
Un chef, courbant le front sous le faix politique,
N'est que le serviteur de la chose publique ;
Il doit veiller sur tout, il doit être partout,
Debout toujours, et même « il doit mourir debout. »

UN COURTISAN.

Il faut que cependant l'Empereur se souvienne
De l'éclat dont a lui la maison Flavienne.
Certes, vous triomphez des plus nobles rivaux :
D'Hercule un Flavien partagea les travaux.

VESPASIEN
avec ironie.

Flavien vous sait gré de tant de complaisance ;
Mais si l'âme est commune, à quoi sert la naissance ?

(Avec une grave simplicité.)

Ma simple et digne aïeule avait nom Tertulla ;
C'est d'elle que je tiens la coupe que voilà.
D'elle il me reste encore un domaine en Sabine,
Cosa, pauvre maison qui menace ruine ;
Tertulla m'y nourrit, et j'y vais bien souvent.
J'aime, sous le vieux toit, à songer que le vent,
Un jour enfla ma voile et souleva ma poupe.

(A l'échanson.)

Approche, mon enfant, et verse dans ma coupe.
A Jupiter j'ai bu. Tertulla, c'est à toi,
O mère vénérée, à présent, que je bois.

(Il boit.)

La salle des aïeux, vide de mes images,
Déroge, pour moi seul, à d'antiques usages :

Mais je n'en rougis point. Souvent, dans les portraits,
D'un insensé la cire éternise les traits.
Eh bien! par mes travaux j'anoblirai ma race.
Tite, c'est mon espoir, marchera sur ma trace,
Et nous pourrons, tous deux, aux siècles à venir,
Laisser des Flaviens quelque beau souvenir.
Déjà qu'ai-je accompli? j'ai relevé l'empire;
Cadavre ranimé, c'est par moi qu'il respire.
Rome était un chaos sous les derniers Césars;
J'ai tout renouvelé, les mœurs, les lois, les arts.
La flamme avait rongé jusque dans ses entrailles
La ville de Vesta, j'ai refait ses murailles.
Le peuple avec du pain veut des amusements,
Il a le Colysée. Et de nos monuments,
Toi le plus noble, toi que Jupiter honore,
Capitole tombé, tu te dresses encore,
Du sommet tarpéien dominant la cité,
Sublime dans ta force et dans ta majesté.
Le trésor était vide, et par moi la Lycie,
Rhode, île du Soleil, Samos, la Cilicie,
Le Grec, le Marseillais, le riche Byzantin,
Ont été reconquis à l'empire Latin.
J'accrois de leurs tribus la commune richesse.
Parmi nos gouverneurs, beaucoup, je le confesse,
Moissonnent doublement pour César et pour eux,
Afin de s'engraisser du sang des malheureux;

Mais il faut, sourd aux cris des villes obérées,

Supporter ces Verrès, éponges altérées

Que nous voyons s'enfler à toute heure et partout.

(En riant.)

Car bientôt je les presse et j'en exprime tout.

(Entre Lucius par la porte du fond. A sa vue, César fait un signe à ses courtisans de s'éloigner. — Les courtisans s'éloignent, en jetant sur Lucius des regards jaloux.)

LUCIUS.

Noble empereur, salut! La paix la plus profonde

Règne, grâces à vous, sur Rome et sur le monde.

Depuis bientôt neuf ans le trône est affermi,

Et Flavien César gouverne un peuple ami;

Du vainqueur d'Actium l'époque recommence :

Vous avez sa grandeur: aurez-vous sa clémence?

VESPASIEN.

Qui dois-je pardonner?

LUCIUS.

Un criminel d'État.

VESPASIEN.

Dans un crime oublié germe un autre attentat.

Songez-y, Lucius.

LUCIUS.

Le malheur change l'âme.

VESPASIEN.

Vengeance, ambition, veillent comme une flamme
Dans les cœurs ulcérés.

LUCIUS.

                    Je connais des malheurs
Qui ne laissent plus vivre en nous que les douleurs,
Qui rongent nos désirs jusque dans leurs racines.

VESPASIEN.

Et ne voyez-vous pas, au milieu des ruines,
Sous la pierre caché, l'immobile serpent
Qui, plus tard, vient à nous, ténébreux et rampant?

LUCIUS.

Mais Cinna pardonné fut un sujet fidèle.

VESPASIEN.

Tous ne se règlent pas sur cet heureux modèle.

LUCIUS.

Qui songe à conspirer?

VESPASIEN.

Celui qui se souvient,
Certe, il en est plusieurs, que je suis Flavien.
Le trône, Lucius, entouré de menaces,
Ne rassemble à ses pieds que des intrigues basses,
Des renards cauteleux, mêlés avec des loups,
Qui, sur les marches d'or levant un œil jaloux,
S'entrecroisent dans l'ombre. Et puis, l'âme romaine
Dans son abaissement est encore hautaine.
Le peuple abdique-t-il son nom de peuple-roi?
Sa vieille liberté toujours pèse sur moi.
Les Césars, voyez-vous, ont une mort sanglante;
Cette mort vient à moi d'une marche plus lente,
Mais elle vient. Caius, vous le savez, tomba
Sous le fer d'un tribun. Othon, du vieux Galba
Eut bientôt, par sa chute, expié l'agonie.
Néron creusa sa fosse, en pleurant son génie.
L'insensé Claudius sous le poison pâlit.
Ne vit-on pas Tibère étranglé dans son lit?
Et de Vitellius, dont j'occupe la place,
Le supplice égaya la vile populace.
Qui sait ce qui m'attend?

(Depuis quelques moments, Vindex s'avançant de l'intérieur du temple,
s'approche de la scène, et entend les dernières paroles.)

VINDEX
(bas).

Que j'arrive à propos!

(Haut.)

Mais je veille; mettez votre esprit en repos,
César.

VESPASIEN.

Que dites-vous?

VINDEX.

Je dis que l'on conspire:
Mais les Dieux sauveront l'empereur et l'empire.

(Vespasien et Lucius restent immobiles d'étonnement.

Lisez ce manuscrit, s'il vous plaît.

VESPASIEN
(lisant le manuscrit).

Qu'est cela?

VINDEX.

Ne connaissez-vous point cette écriture-là?

(L'Empereur lit.

VESPASIEN
(à Lucius).

Lorsque je vous disais qu'elle était sur ma route.

(A Vindex.)

Cette mort des Césars! L'écriture est sans doute
Du remuant Cécine; oui, contre mon destin
Lui seul pouvait s'armer. Mais comment?...

VINDEX.

                                    Ce matin,
Je le trouve quittant, sa marche était pressée,
Le seuil de Marcellus. Tandis que sa pensée,
Combinant les moyens, tout entier l'absorbait,
De ses mains, par bonheur, le manuscrit tombait.
Je le vois, je me hâte, et je brise le glaive

                         A part, regardant Lucius.
Qui menaçait vos jours. Mon étoile se lève,
La tienne va pâlir.

VESPASIEN.

              De cet assassinat
Qu'on médite dans l'ombre informons le sénat.
Qu'on prépare pour eux les plus honteux supplices

VINDEX.

Il faut vous assurer, César, de leurs complices;
S'approchant de son oreille
Ils sont plus près de vous que vous ne le croyez,

LUCIUS

à part.

Qui tarira les pleurs dont tes yeux sont noyés?

Plus d'espoir, pauvre femme!

VESPASIEN

à Vindex.

Il faut que l'on vous nomme,

Dans quelques jours, Vindex, premier consul de Rome.

(César relit le manuscrit.)

VINDEX

(un genou à terre).

Longue vie à César, mon maître révéré.

(A part, en se relevant.)

Je te tiens, maintenant, et je t'écraserai.

Mais nous allons d'abord enlever cette femme.

LUCIUS

(regardant Vindex, à part).

Le regard de Vindex luit d'une étrange flamme!

III.

SÉNATEURS.

(Un appartement chez Vindex fils. — Des sénateurs sont à demi-couchés sur
des lits, et achèvent un festin.)

LES CONVIVES.

Peut-il nous échapper maintenant? — J'en ai peur,
Vous n'avez qu'un espoir, tout espoir est trompeur.
Croyez-vous donc aisé de saisir cette proie?
Lucius est puissant, modérez votre joie;
Puis, il peut se venger, souvenez-vous-en bien.
— S'il en a le loisir. Non, non, ne craignez rien,
Quand on voit éclater une telle entreprise,
Fou qui ne s'émeut pas, faible qui temporise.
— Vous tombez pour César dans une grave erreur:
Il ne prend point conseil d'une aveugle fureur.

De Pomposanius rappelez-vous l'histoire;

Vous attendiez sa mort et vous vîtes sa gloire;

Il fut nommé consul : « L'homme jaloux de moi

» Qui demande à plier sous le fardeau d'un roi,

» Je le plains; son esprit est frappé de folie. »

Ainsi parle César. — Oui, d'abord on oublie;

Pour imiter Auguste on se montre clément;

Vers la fin de son règne, on agit autrement.

Flavien se fait vieux, les vieux gardent rancune.

— De Cécine, après tout, l'affaire est peu commune.

De cet ambitieux on connaît les fureurs;

Poussant nos légions contre les empereurs,

Déjà n'avait-il point, plus heureux dans la lutte,

Des trois derniers Césars précipité la chute?

Lucius avec lui....

VINDEX

(entrant tout-à-coup, sa serviette à la main. — Avec explosion).

Cécine et Métellus

Nous étaient un obstacle; ils ne le seront plus.

— Tite prend aujourd'hui Cécine pour convive,

Et, pour mieux le tromper, montre une gaîté vive.

Soudain, il fait un geste; on pousse un cri perçant,

Et Cécine, égorgé, se débat dans le sang.

Métellus au sénat est déclaré complice,

Métellus en fuyant se dérobe au supplice.

LES CONVIVES.

— A tout croire, César, Tite sont disposés ;
Produisons nos témoins. — Produisons.

VINDEX.

Produisez,
Ne laissez pas tomber le feu de leur colère.

UN CONVIVE.

Lucius n'a-t-il point le talent de leur plaire ?

VINDEX.

En semblable danger on n'examine rien.
(Se tournant vers les autres.)
N'est-ce pas votre avis ?

QUELQUES CONVIVES.

C'est le mien. — C'est le mien.
— Souvent avec Cécine on le voyait, du reste.
— Envoyez-le dîner chez Tite ; sur un geste,
Il rejoindra Cécine. — Enfin ! j'étais lassé
D'un insolent bonheur. — Par deux fois repoussé,
Ce Lucius aidant, j'ai manqué la préture.
— Un poste m'arrivait pour une créature.
Lucius me le prend. — Je lisais à César

Un poëme conforme aux préceptes de l'art.
J'espérais, mais l'envie irritait sa couleuvre,
Cet affreux Lucius a déchiré mon œuvre,
Et tourné contre moi l'esprit de l'Empereur ;
J'y perds ma pension ; jugez de ma fureur.
— Quoiqu'il n'ait contre moi dirigé nulle intrigue,
Sa réputation de vertu me fatigue.

VINDEX.

De la peau d'un mouton fin renard revêtu,
Il n'a de la vertu que le masque. Vertu !

(Un esclave lui apporte une amphore.)

Buvons tous à sa mort ce vin né sous Tibère,
Cécube vigoureux qu'un miel d'Hybla tempère.

LES CONVIVES.

Évohé ! — Par Saturne ! — O vin délicieux !

VINDEX
(bas, à un esclave).

Conduis la femme ici.

LES CONVIVES.

C'est le nectar des Dieux.

VINDEX.

Et maintenant, à l'œuvre, à l'œuvre, le temps presse.

LES CONVIVES.

A l'œuvre.

VINDEX.

C'est demain que le poteau se dresse.

(Appuyant.)
Cette majorité?...

LES CONVIVES.

Nous l'aurons. — Nous l'aurons.

VINDEX
(appuyant).

Lui d'abord.

LES CONVIVES.

Lui d'abord.

VINDEX.

La femme, nous verrons.

(Ils se retirent par la porte du fond, et Vindex les accompagne.)

IV.

MYSTÈRE.

(Éponine entre dans l'appartement par une porte latérale.)

ÉPONINE.

O voyage funeste! et mes enfants m'attendent!
Sous le rocher natal je les vois qui me tendent
Leurs bras désespérés, en m'appelant d'un cri
Qui déchire en secret l'âme de mon mari!
Veille sur ma famille, ô caverne adorée!
Comme un dépôt du ciel qu'elle te soit sacrée.
Ton aspect autrefois épouvantait mes yeux;
Je t'honore aujourd'hui comme un temple pieux.
Sur ce trésor d'amour enfoui sous la terre,
O caverne, épaissis ton ombre salutaire.

Ah ! je bénis ta nuit, ton silence discret !
Sois-moi toujours fidèle et garde mon secret.

(Vindex rentre.)

VINDEX

(à part, sans voir Éponine).

C'est bien, je suis content, ma vengeance est certaine ;
Leur haine immolera Lucius à ma haine.
Les doutes de César tomberont à leur cri :
Il le perdra : Cécine était son favori.

ÉPONINE

à part.

Je tremble.

(Elle va à lui.)

(Haut.)
Par Vesta !

VINDEX.

Femme, soyez tranquille :
A l'heure du péril, je vous trouve un asile.
Je vous sauve.

ÉPONINE

(à part).

(Haut.)

Il me sauve ! Oh ! dites-moi comment....

VINDEX.

Votre nom se rattache à cet événement.

On a découvert....

ÉPONINE
poussant un cri étouffé).

Ah !

VINDEX
(à part).

D'où vient qu'elle est troublée ?

(Haut.)

Un conspirateur.

ÉPONINE
(même trouble, — à part).

Ciel !

VINDEX
(à part).

On la dirait mêlée

(Haut.)

Au complot ; qu'est cela ? Mais afin qu'en prison
L'on ne vous traînât point, dans ma propre maison
Je vous ai fait conduire.

ÉPONINE
(toujours épouvantée, — à part).

Oh ! si c'était !

VINDEX
(à part).

La cause

De ce saisissement ?...

ÉPONINE
(à part).

Demander ! mais je n'ose

Demander....

VINDEX
(à part).

(Haut.)

Observons. — Je me fais votre appui ;
Vous êtes innocente, on n'en voudra qu'à lui.

ÉPONINE.

,A part.)

Qui, lui ?... Mais je me perds.

VINDEX
(à part).

L'émotion redouble....

Ce n'est point Lucius qui lui donne ce trouble ;

(Haut.)

Elle ignore.... Il s'était jusqu'ici dérobé

Aux perquisitions ; il est enfin tombé

Dans les mains de César.

ÉPONINE
toute tremblante, — à part .

C'est lui !

VINDEX

à part, avec une joie féroce.

Comme elle tremble !
Seraient-ce deux complots à réunir ensemble ?

ÉPONINE

à part.

Je n'ose interroger, mon Dieu !

VINDEX

(haut).

L'attachement
Que pour ce Lucius.... On le sait votre amant.

ÉPONINE.

(A ce nom, elle revient de son trouble. — A part.

Lucius ! ce n'est point mon mari, je respire.

(Puis, songeant au danger que court Lucius, — toujours à part.

Lucius !

(Elle se tourne vers Vindex, rassurée, mais étonnée. — Haut.

Lucius !

VINDEX

frappé du changement.

Oui, c'est lui qui conspire ;

(A part.)

On le poursuit. Voilà ce grand trouble passé !
Lucius dans son cœur par un autre effacé....

(Haut.)

Mais quel est donc cet autre? A l'époque où nous sommes
Il est fort malaisé de connaître les hommes.
Il en est, voyez-vous, qui cachent leurs desseins;
Leur front dit la vertu, le crime est dans leurs seins.
On se masque à la cour.

ÉPONINE.

La calomnie impure
A sur lui répandu son poison, je vous jure.

VINDEX
(à part).

Elle est plus calme.

ÉPONINE.

On croit à cette trahison?

VINDEX.

On a fait de cet homme entourer la maison.
Mais il était en fuite. On vous cherche. Le lâche
Vous ayant compromise avec lui, je vous cache.
(Avec une fausse douceur.)
Votre seule vertu vous sauve. A votre aspect,
On admire d'abord; l'amour suit le respect.
Un véritable ami se fait dans le silence,
Et d'un ami menteur n'a point la turbulence.

Pour être plus solide, il tarde à s'engager,
Mais l'un s'enfuit, et l'autre accourt dans le danger.

ÉPONINE.

(A part.)   (Haut.)
Je tremble. Des devoirs qu'exige la nature
Me réclament ailleurs. Oh! je vous en conjure....

VINDEX
(gravement).

Vous tremblez un peu trop pour Lucius. — Voyez,
Si vous êtes prudente, et si vous m'en croyez,
D'oublier, d'étouffer un sentiment funeste.

ÉPONINE.

Oh! mais c'est une erreur; mais, je vous le proteste....

VINDEX.

Vous ne pouvez partir.

ÉPONINE.

            Mais de cette pitié
Que vous aviez tantôt, et de cette amitié
Qu'avez-vous déjà fait? Hélas! à quelle attente
Soumettez-vous ainsi mon âme palpitante?

VINDEX
(avec explosion).

Eh! ne voyez-vous pas que j'aime, et que l'aveu

S'échappe, malgré moi, de mes lèvres en feu?

ÉPONINE
(à part).

Oh! je l'avais compris, et n'osais me le dire!

VINDEX.

Déjà dans mon regard ne pouviez-vous le lire?

ÉPONINE.

Où suis-je? La chaleur abandonne mes os.
Je sens autour de moi d'invisibles réseaux :
Me voici dans les mains d'un infernal génie!
(Avec un effroi mêlé d'indignation.)
Lucius est tombé sous une calomnie.
Lui, de son empereur avoir trahi la foi!
Non, si le malheureux succombe, c'est pour moi.

VINDEX
(avec fureur terrible).

Quoi! vous m'accuseriez! ô femme, prenez garde,
Bien avant dans le cœur je plonge et je regarde.
Vous avez un secret, mais que vous trahissez.
On saura. Je vous plains, si vous me haïssez:
Votre œil se réfugie en vain sous la paupière,
Votre âme sous ma voix frissonne tout entière;
Vous êtes d'un complot.

ÉPONINE
(à part).

Mais il n'a point compris !

VINDEX.

La vie à votre amour, la mort à vos mépris.

ÉPONINE.

(Elle se retourne lentement vers Vindex, comme pour s'assurer si cette
résolution est bien établie. — A part.)

Mourir !

VINDEX.

Si vous vivez, c'est pour moi qu'il faut vivre.
Mais si vous dites : non, songez-y, je vous livre.

ÉPONINE.

Livrez-moi.

VINDEX.

Tu ne peux résister, femme ; ainsi,
Ne me repousse point, nous sommes seuls ici.

ÉPONINE
(Remarquant une panoplie, — à part).

J'aperçois un poignard. Ma mort vous est funeste,
O mes pauvres enfants ! mais un père vous reste.

(Elle s'élance vers la panoplie, saisit le poignard, et revient lentement.

Vous vous hâtez trop tôt de prendre un air vainqueur.
Car il faut étouffer dans le fond de ce cœur
Et si lâche et si vil l'espoir qui vous transporte.

(Vindex fait un mouvement pour lui saisir le bras.)

Si vous faites un pas vers moi, je tombe morte ;
Je suis mère pourtant, mais la mort est un bien,
Quand elle est nécessaire, et vous ne saurez rien.

VINDEX.
(A part.)

Arrêtez.... Ce poignard.... Arrêtez.... Cette proie
M'échapperait ainsi?... Son regard me foudroie !...

(Haut.)

C'est que je suis jaloux ; pardonnez, je ne sai
Ce que je vous ai dit. Je suis un insensé,
Ne craignez rien. En vous, tout émeut, tout enchante !
Les Dieux ne m'ont point fait une âme si méchante.
Il serait maintenant dangereux de sortir ;
Mais quelque temps encore et vous pourrez partir.

(On entend heurter à la porte latérale, à droite.)

Qui frappe à cette porte ?

(Il fait quelques pas vers la porte, puis montrant à Éponine celle du fond.)

                              Oh ! je vous en conjure....
C'est quelqu'un de la cour.... Entrez là, je vous jure
Que je respecterai votre honneur. Seulement,
Ne tentez point de fuir.... Dans chaque appartement,
A chaque issue on veille.

ÉPONINE

(regardant le poignard).

Il déjoûra l'infâme.

Gardons bien ce trésor.

Elle s'éloigne. — On frappe encore à la porte, qui s'ouvre enfin. Entre
Lucius).

VINDEX.

Lucius !

LUCIUS.

(avec une gravité où perce l'ironie).

Une femme

Suspecte, m'a-t-on dit, et pour cette raison
Saisie aujourd'hui même est dans votre maison ?

VINDEX.

(sur le même ton).

Elle est dans ma maison.

LUCIUS.

Et cette jeune veuve
Serait de ce complot, vous croyez ?

VINDEX.

J'ai la preuve.

LUCIUS.

J'ai la preuve contraire, et pour cela je viens
La réclamer de vous : ami de Flavien.
On peut compter sur moi.

VINDEX.

                    Sur votre vigilance.
Quand sur le front du chef un glaive se balance.

LUCIUS.

Vous me faites ainsi l'injure d'en douter,
Pour parler de la vôtre, et pour mieux la vanter.
J'admire les vertus que le hasard fait naître.

VINDEX.

L'amour n'en donne pas, car il a fait un traître.

LUCIUS.

Un traître! dites-vous? Ah! lâche courtisan,
Votre cœur tout entier se révèle à présent.
Vous creusez sous mes pas une secrète mine,
Afin que Lucius s'écroule sur Cécine.
Vous engagez la lutte entre nous, je veux bien.
Cette femme, écoutez, comme mon propre bien.

Contre vous, contre tous, je prétends la défendre,
Je le dois, je le veux, vous allez me la rendre.

VINDEX.

Ridicule fureur !

LUCIUS.

Mensonge et trahison !

VINDEX.

Vous vous perdez ainsi.

LUCIUS.

J'en veux avoir raison.

VINDEX.

Vous menacez chez moi ?

LUCIUS.
(la main sur la garde de son épée).

Je ferai plus encore.

VINDEX.

Cette femme, insensé, que votre cœur adore,
N'en est pas au premier complot, réfléchissez,
Car elle s'est trahie, et c'est en dire assez.

LUCIUS
(troublé, à part).

Quoi! qu'est cela? Comment! que sait-il du mystère?

VINDEX
(L'observant avec la plus grande attention, — à part).

Il se trouble comme elle! il est donc de l'affaire!
(Haut.)
O fortune, fortune! Oui, oui, double complot.
(Le regardant avec audace.)
Et que vous partagez. — Vous ne dites plus mot?

LUCIUS
(à part).

Mais je vais l'arracher à son horrible joie,
Elle va repartir.
(Il tire son épée. — Haut, avec délire.

Il faut lâcher ta proie
Sur-le-champ, sur-le-champ, ou nous allons, tous deux,
Ici, là, tous les deux....

VINDEX.

Vous êtes hasardeux,
Mon ami.
LUCIUS.

Cette femme, ou qu'ici le sang coule.

VINDEX.

Mais vous ignorez donc que j'ai des gens en foule.

(Il va ouvrir la porte du fond.)

A moi, mes gens.

(Des hommes armés se présentent. Lucius a ouvert précipitamment la porte par laquelle il est entré.)

LUCIUS.

A moi, mes licteurs.

(Les licteurs de Lucius, que celui-ci avait laissés dans un appartement voisin, se précipitent de son côté. On est prêt d'en venir aux mains, lorsqu'à la porte du fond apparaît Vindex père, menant par la main Éponine, qu'il a trouvée dans le palais. Il s'avance avec autorité.)

VINDEX PÈRE.

Arrêtez.

(Tout le monde s'arrête.)

Faites rentrer le fer dans le fourreau.

(Puis, aux gens de Vindex et aux licteurs de Lucius.)

Sortez.

(Lucius fait signe à ses licteurs d'obéir. Tous sortent.)

Monstre que pour enfant les Dieux à moi, ton père,

Ont envoyé, sans doute, en un jour de colère,

Oseras-tu poursuivre un infernal dessein ?

Eh bien ! tire l'épée et perce-moi le sein.

Car, moi seul contre toi je saurai la défendre ;
La voici dans mes bras , frappe , viens me la prendre.

ÉPONINE.

Mes chers enfants !

LUCIUS.

Sauvée !

VINDEX
à part.)

Elle m'échappera.

UN DES CONVIVES
(entrant tout-à-coup .

C'est un évènement qui vous étonnera.

A part, avec étonnement..
Son père ! Lucius !

VINDEX

Eh bien !

LE CONVIVE
se rapprochant de lui, — bas .

Soyez tranquille ;
Écoutez ; notre affaire en devient plus facile.

(Haut.)
Une arrestation que l'on doit au hasard.

(Frémissement d'Éponine , de Vindex père et de Lucius.

Un ancien ennemi de Flavien César
Dans les prisons de Rome est amené sur l'heure.
Cru mort, il habitait une sombre demeure,
Où seul avec sa femme, avec ses deux enfants,
Enseveli sous terre, il a vécu neuf ans.
Sabinus, ce gaulois....

ÉPONINE.

Mon mari!...

(Elle tombe dans les bras de Vindex père.)

LUCIUS.

Ciel et terre!

VINDEX PÈRE.

Sabinus!

DE CONVIVE.

Son mari!

VINDEX
(à part).

Voilà donc le mystère!

VINDEX PÈRE.

Tout est perdu.

ÉPONINE.

LUCIUS.

(A Éponine.)

Non pas. Où courez-vous ?

ÉPONINE.

Je veux

Les voir, les embrasser et mourir avec eux.

LUCIUS.

Ma voix de mes amis va réveiller le zèle.

Je vais.... Je ne sais plus....

Elle part : il la suit.

VINDEX
à part.

Va te perdre avec elle !

(Vindex père hésite un instant, et se précipite enfin sur les pas d'Éponine. — Le convive, immobile de son côté, attend que Vindex fils sorte de la rêverie dans laquelle il semble plongé. — Vindex fils continue, à part.)

Je ne m'attendais point à cet évènement.

Sabinus, son mari ! Lucius, son amant !

De soi-même le nœud vient achever ma trame.

Perdons tout, le mari, l'adultère et la femme.

Dans l'acte de Cécine ensemble enveloppés,

Qu'ils tombent devant moi l'un par l'autre frappés.

Cela ne suffit point. Pour mieux me venger d'elle.

Révélons à cet homme Éponine infidèle.

C'est là qu'est ma vengeance, et je veux , sans retard....

(Il réfléchit un instant.)

Peut-être a-t-elle fui? — Pour fuir il est trop tard.

Aux pieds de Flavien tombant pour sa famille....

(Avec un sourire terrible.)

Mais je suis là; César gronde; la hache brille.

V.

LA PATRIE.

Une prison. — La geolière et le geolier préparent des lits.

LA GEOLIÈRE.

Hâte-toi.

LE GEOLIER.

Qu'est-ce donc ?

LA GEOLIÈRE.

Un étrange mystère ?
On prétend qu'ils vivaient enfouis sous la terre.
L'un d'eux, si j'ai compris, conspirateur ancien,
A voulu détrôner César Vespasien.

Ayant mal entendu, je connais peu l'histoire ;
Ils subissent ensemble un interrogatoire.
Je ne sais pas pour eux l'esprit de l'empereur,
Mais ce complot d'hier l'aura mis en fureur.

LE GEOLIER.

Quel est donc le motif de l'intérêt ?...

LA GEOLIÈRE
(s'arrêtant).

Écoute....
Ne les conduit-on pas ?

LE GEOLIER.

Je n'entends rien.

LA GEOLIÈRE.

Sans doute
Tu ferais comme moi, connaissant la raison ;
Avec ces prisonniers l'on conduit en prison
Deux enfants, les plus beaux dont Lucine implorée
Ait enrichi jamais une mère enivrée.
Deux lis ont moins de grace et se ressemblent moins.
De leurs maux, ô Junon, serions-nous les témoins ?
Partager les douleurs d'une existence amère,
Si jeunes et si purs ! Et s'ils ont une mère !

Trois fois et quatre fois malheureuse vraiment !
Tiens, mon cœur s'en émeut d'y penser seulement.

(Des licteurs amènent les prisonniers.

SABINUS.

Pour les interroger on les garde, sans doute.
O candeur de l'enfance ! Oui, c'est par cette route
Qu'on arrive aisément aux sombres vérités.

LA GEOLIÈRE.

Vos enfants pour toujours ne vous sont pas ôtés.
J'en jure par les dieux, père affligé. Peut-être,
A mes soins quelque temps on voudra les commettre.
Et, si j'ai ce bonheur, vous pouvez vous calmer ;
Je veillerai sur eux, je saurai les aimer.
Mais s'ils les retenaient, ma vigilance active,
Prêtant à toute chose une oreille attentive,
Et sur tout attachant le regard, je verrais,
J'entendrais, je saurais, et je vous le dirais.

SABINUS.

Merci.

(Le geolier et la geolière sortent.

Son cœur frémit aux alarmes d'un père.
Ils les tûront aussi ; c'est en vain qu'elle espère,
Ils les tûront. — Enfants, votre naïveté
Ignore le danger de la sincérité.

Vos juges, vous pressant de questions avides,
Arrachent des aveux à vos bouches candides.

MANTALE.

Ils ne parleront pas. Les craintes, les tourments,
Les larmes de leur mère et ses embrassements,
Crus toujours les derniers, votre visage sombre,
Vos sourires forcés, ce silence, cette ombre,
De la prudence en eux éveillant les instincts,
Mieux que tous les discours expliquaient nos destins.
Ils n'ont pas, je vous jure, une âme peu commune,
Créés par la nature égaux à leur fortune.
Je leur trouve déjà cette noble pâleur
Et cet air réfléchi que donne le malheur.

SABINUS.

Non, Mantale; à mes jours s'unit leur destinée.
Crois-le bien : si je meurs, leur vie est condamnée;
Ils voudront les punir de mes ambitions,
Et croiront étouffer l'hydre des factions.

MANTALE.

Des enfants! qu'ont-ils fait à la chose romaine?

SABINUS
(avec feu).

Des enfants révoltés, et nourris de ma haine.

ils l'ont avec mon souffle aspirée en naissant,
Elle gonfle leur cœur, elle bout dans leur sang.

MANTALE.

On leur pardonnera, c'est l'espoir qui me reste ;
Mais votre enseignement peut leur être funeste.
Ils voudront secouer un joug trop onéreux,
Nobles, mais vains efforts, et je tremble pour eux.

SABINUS.

S'ils vivent, veux-tu donc qu'ils montrent un cœur lâche?
Ah! s'ils devaient!... mais non, je leur laisse une tâche,
Ils voudront l'accomplir. — Un empereur gaulois
A Rome, à l'univers doit imposer des lois.
Velléda, l'œil en feu, la tête échevelée,
N'a-t-elle point, du haut de sa tour isolée,
Jeté cette promesse? Et quel tressaillement
Ne causa point l'espoir d'un tel avènement!
Je voulus cette gloire à d'autre destinée.
Qui, pour ce grand travail, n'eût cru l'heure sonnée?
Enlevant la couronne à la pointe des dards,
Les Césars égorgés tombaient sur les Césars :
Et Rome n'offrait plus qu'une sanglante arène,
Où tous se disputaient la pourpre souveraine ;
Pour élire le chef, l'armée y descendait :
Témoin indifférent, le peuple regardait. —

Mais je me suis trompé, prenant pour moi l'oracle.
S'ils vivent, à mes fils de tenter ce miracle.
Ils comprendront les maux que la Gaule a soufferts,
En rappelant les leurs, et briseront ses fers.

MANTALE.

La noble mission n'est point donnée aux vôtres :
Pour des temps éloignés on la réserve à d'autres.
O Gaule, ô mon pays, trop longtemps, je le crain,
Il te tiendra ployé sous ses deux pieds d'airain,
Ce géant éternel qui, pour dompter le monde,
Franchit tout, les forêts, les monts, la mer profonde !

SABINUS
(avec explosion).

C'est une erreur. Entends le cri des libertés.
Rome que ronge au cœur le ver des voluptés,
De ses bras languissants laisse échapper la foudre,
Et son corps épuisé s'affaisse sur la poudre.
(Avec force.)
Entends-tu les Germains et leurs frémissements ?
Nos Gaulois vont, comme eux, hâter leurs armements :
Oui, des sommets alpins, redoutable avalanche,
Ensemble ils tomberont sur la reine qui penche.
Sa fureur impuissante a d'horribles accès ;
Sa fureur la perdra par ses propres excès.

(Avec indignation.)

Pour servir cette reine en ses débauches viles,
On dépouille nos champs, on ravage nos villes.

(Avec une indignation toujours croissante.)

Villes, vous gémissez sous le poids des impôts.
Vos malheureux enfants servent sous les drapeaux :
Et là, presque toujours, leur jeunesse fleurie,
Des bras d'un empereur se relève flétrie.
Dans les champs désolés, vautour déprédateur,
Sur le sillon désert vois fondre l'exacteur,
Qui, pour que sa sueur baigne encor la poussière,
Sur le colon mourant fait siffler la lanière.
Pères, mères, enfants, échappés à leurs mains,
Pâles, affamés, nus, errent par les chemins,
Poussés par le délire, et pareils à des ombres,
Cherchent à leurs douleurs l'abri des antres sombres.
Maux ineffables ! Là, pour ses chers nourrissons,
La mère sent tarir son lait et ses chansons. —

(Avec rage.)

Et tu veux que longtemps, souveraine impunie,
Rome recule encor son terme d'agonie !

(Avec une rage toujours croissante, et finissant par des larmes.)

O patrie ! ô vengeance ! ô transports impuissants
Qu'il me faut étouffer, que j'étouffai neuf ans
Dans ces antres affreux, infidèles retraites
Où j'attendais, en vain, le retour des tempêtes !

MANTALE.

Sanglots du désespoir, retombez sur son cœur ;
N'allez pas éclater aux regards du vainqueur !

SABINUS.

Pleuré-je donc ? C'est vrai. — L'œil sur les destinées,
Dans ces antres, du moins, je trompais mes journées
Avec mon espérance, et méditais comment
Je pourrais opérer cet affranchissement !
J'attendais, j'attendais, en contenant ma rage,
Que le nouveau César dans un nouvel orage
Disparût emporté ; puis, à mes deux jumeaux,
Dans de longs entretiens je retraçais nos maux.
En faisant le récit de ce lugubre drame,
Mon regard pénétrait jusqu'au fond de leur âme,
Où je voyais germer mon généreux dessein.
Alors, fou de bonheur, les pressant sur mon sein,
Et criant : Je le vois, vous briserez nos chaînes,
Je sentais, cœur à cœur, battre ensemble nos haines.
(Il tombe dans l'abattement.)
Mais ici.... Taisez-vous, mon cœur.... Ah ! malheureux,
Malheureux, j'oubliais.... quand pour moi, quand pour eux,
Auprès de nos amis, par des pleurs, des prières,

Éponine s'efforce.... A ses douleurs dernières

Sait-elle bien, ô Ciel, qu'elle touche aujourd'hui?

Que son antre est désert? que tout espoir a fui?

Sa tête se penche sur son sein, et il pleure. Tout-à-coup, Éponine se précipite
dans la prison. La geolière l'accompagne.

VI.

JALOUSIE.

ÉPONINE.

Oh !

(Elle se jette dans les bras de Sabinus. — Avec transport.)

Perdus !... tous !... perdus !...

SABINUS.

O désespoir et joie !

(Silence.)

Tu viens leur amener leur quatrième proie.

ÉPONINE
(cherchant de tout côté).

Et mes enfants ?

SABINUS.

Hélas !

ÉPONINE.

Mes enfants?

LA GEOLIÈRE.

Calmez-vous,
Car je veille sur eux. J'ai dit à votre époux
Qu'on les interrogeait. Mère, daignez attendre
Quelques moments encore et l'on va vous les rendre.

(Elle sort.)

ÉPONINE.

Réunis! en quel lieu!... Mais.... J'étouffe!... O tourment!
O caverne! Dis-moi, dis-moi, dis-moi comment....
Quel coup de foudre!... Attends, attends que je respire.
Eh bien! parle.... Mais non, c'est à moi de te dire....
Je ne connaissais point ce tigre courroucé,
Qui, tout-à-coup, hier, s'est devant moi dressé.

SABINUS.

Quel tigre!

MANTALE.

Que dit-elle?

ÉPONINE.

Ah! je dis que cet homme

Sous moi creuse un abîme.— Et vous! mais vous! à Rome!

Mais n'est-ce pas un rêve? oh! oui, je crois rêver.

Hier, hier encor j'espérais vous sauver;

Je me voyais déjà bondissant sur la route;

Et folle, j'arrivais, je plongeais sous la voûte.

Haletante, brisée et muette un moment,

Je vous réunissais dans un embrassement,

Et mon cœur éclatait en ces mots : Libres, libres;

Eh bien! non, l'épouvante en a brisé les fibres,

Et lui qui se gonflait de joie, en vous pressant,

Ne se gonflera plus que de larmes de sang.

(Elle pousse des sanglots.)

O caverne, pourquoi t'avoir abandonnée?

MANTALE.

Pourquoi suis-je sorti?

SABINUS.

Notre heure était sonnée.

Écoute.... Tes enfants.... ô coupable sommeil

Que les Dieux ont puni du plus affreux réveil!...

Les vivres nous manquaient; il fallut que Mantale

S'absentât quelques jours....

MANTALE.

Nécessité fatale!

SABINUS.

Je dormais.... une idée assiège leur cerveau :
« Il dort, courons ouvrir la porte du caveau. »
Ils vont.... Et des bergers.... La fuite est inutile ;
On les voit, on les suit, on découvre l'asile.

ÉPONINE
(avec désespoir).

Enfants !

Vindex entre dans la prison. Silence général.

VINDEX.
(Il examine Sabinus avec attention

(À part.)   (Haut.)

Il ne sait rien. Vos malheurs, Sabinus,
Remûront tous les cœurs dès qu'ils seront connus :
Mais je sais à la cour une amitié fidèle
Qui, voulant vous sauver, vous perd par trop de zèle.

ÉPONINE
(s'élançant d'un bond).

Osez-vous bien ici ?...

Les licteurs qui accompagnent Vindex arrêtent Éponine. Impuissante, elle se
contient et couve Vindex du regard.)

SABINUS.

Qu'importe ! je suis prêt,
Quand le voudra César, à subir mon arrêt.

Pour regretter la vie elle fut trop amère.

Si je tremble, c'est pour mes enfants et leur mère.

VINDEX
(avec un sourire extraordinaire).

Leur mère !

SABINUS.

A ce nom-là pourquoi sourire ainsi?

MANTALE
(à part).

Quel mystère !

SABINUS.

Je vois; on veut sa mort aussi.

VINDEX.

Ah! pourquoi vous quitter? pourquoi venir à Rome?

Pourquoi surtout choisir l'appui de ce jeune homme?

Peut-être que César eût, d'un esprit plus doux,

Examiné la cause.

(L'indignation d'Éponine est au comble. Elle s'agite convulsivement. — Vindex
la regarde avec audace et d'un œil accusateur.)

Examiné sans vous.

SABINUS
(à part).

Sans elle !

MANTALE
(à part).

Que veut dire?...

VINDEX.

Il faut parler. Je tremble,
Toutefois, par pitié pour vous.

SABINUS.

Parlez.

VINDEX.

Ensemble
Toujours on les voyait. Or, le libérateur,
Afin de la sauver, s'est fait conspirateur;
C'est moi qui du complot ai découvert la trame.

SABINUS
(avec l'ironie de la résignation).

Un complot!

VINDEX.

Qu'avec lui méditait votre femme;
Et, si l'on disait vrai, contre le souverain
Vous dirigiez leurs bras du fond du souterrain,
Bruit absurde, accueilli cependant.

SABINUS
(avec le même sourire).

Tout s'enchaîne.

ÉPONINE
(avec l'ironie d'une fureur concentrée).

Tout s'enchaîne aisément par les mains de la haine.

VINDEX.

Ou plutôt par les mains d'un amour délirant
Qui blesse votre honneur, Sabinus, et vous rend
Sur le seuil du tombeau plus malheureux encore.

SABINUS.

Elle! — Que me dit-il?

VINDEX.

Ce Lucius l'adore.
Pour elle, il vous servait auprès de Flavien.
Éponine pour lui....

SABINUS.

Non, je la connais bien.

VINDEX.

Des vertus d'une épouse invoquant la mémoire,
Vous ne me croirez pas, vous ne saurez me croire;

Et c'est la vérité qui de sa propre main
Au cœur vous plongera le couteau. — Je vous plains.

SABINUS.

C'est impossible, non.

VINDEX.

Tout est possible à l'âme.
L'âme est inexplicable.

SABINUS.

A l'aspect de ma femme
Le jeune Lucius a pu d'un sentiment
Ne pas se rendre maître ; — il n'est point son amant.

VINDEX.

Quand au milieu de nous Vénus insidieuse
Descend pour nous trahir, déesse studieuse
A vaincre la vertu par son fatal poison,
Elle surprend le cœur, elle endort la raison
Parmi les vins, les chants et le doux bruit des flûtes ;
C'est alors vainement, chasteté, que tu luttes !
Ce Lucius....

SABINUS
(troublé.)

Assez.

VINDEX.

Serpent astucieux,
Quand son œil est tombé sur un front gracieux,
Il fait luire au soleil son écaille enflammée,
Il fascine sa proie, il l'attire charmée.
Elle veut résister ; l'effort est impuissant,
Et Vénus applaudit au triomphe récent.

SABINUS.

Assez, assez, assez.

VINDEX.

Mais en grâce personne
N'égale Lucius, et le fils de Latone
Ne l'effacerait point, lui dont les blonds cheveux
Couvrent d'un voile d'or son cou blanc et nerveux.

SABINUS.

O démon tentateur qui veut me faire croire !

ÉPONINE
(sortant tout-à-coup de son silence).

Et tu croirais ?

SABINUS.

Non pas.

VINDEX.

Aisée, une victoire,
Vous devez le comprendre, irrite moins l'ardeur :
Il s'attaque surtout à l'austère pudeur.

(La geolière amène les deux enfants.)

LA GEOLIÈRE.

Les voici.

ÉPONINE
(les tenant embrassés).

Mon espoir n'est plus qu'une chimère,
O mes pauvres enfants! Bourreau de votre mère,
Sans doute que pour vous un infernal dessein
S'agite dans son cœur.... Oh! rentrez dans mon sein.

MANTALE
(à part).

Contre cet homme affreux, Jupiter, je t'implore.

(Sabinus regarde Vindex avec triomphe, et lui montre le groupe de sa femme
et de ses enfants, comme pour lui demander s'il est possible qu'une mère si
tendre soit coupable.

VINDEX.

Quand l'épouse n'est plus, la mère vit encore.

VII.

LE SAUVEUR.

(Encore la prison. — Un lit de plus dans le fond pour Éponine, qui dort. Il est nuit. Une pâle lampe luit à la voûte. Mantale et Sabinus ont quitté leur couche, ne pouvant dormir.)

MANTALE
(qui a considéré un moment Éponine)

C'est un sommeil pénible, agité, convulsif.
Ses deux enfants repris, — vous, sombre et dur...

SABINUS.
                              Pensif.

Vainement mon front penche; ami, c'est impossible
De dormir, d'oublier.

MANTALE.

Mon Dieu! que c'est terrible

Un transport jaloux ! Donc, vous n'avez plus de foi ?...
Cet homme vous mentait.

SABINUS.

                    Laisse-moi, laisse-moi.
Je souffre. Dans mes maux je n'ai point de relâche.
Du licteur sur mon front quand tombera la hache ?
Oh ! cet homme venu dans l'unique dessein
De plonger lentement ce poignard dans mon sein !
Oui, ce poignard est là. Ma main désespérée
A voulu l'arracher ; mais la pointe acérée,
Mordante, résistait à l'impuissant effort.

MANTALE.

Soupçonner Éponine !

SABINUS.

                    Elle résiste encor ;
Plus je veux l'arracher, plus elle s'enracine.

MANTALE.

Quand je pense à sa vie, et quand je l'examine....

SABINUS.

J'y pense trop ; le mal en devient plus cuisant ;
Un passé glorieux accuse le présent.

MANTALE.

Ce passé fait sa force. Éponine coupable !
De vous trahir ainsi vous la jugez capable !
Non, maître. Pour nourrir un amour défendu,
Son cœur jusqu'à ce jour n'aurait pas attendu.
Ne pouvait-elle point, ne demandant qu'à vivre
Au milieu des plaisirs, refuser de vous suivre,
Refuser, à quinze ans, sur un front jeune et beau
De voir se refermer la porte d'un tombeau ?

SABINUS.

Tiens, je suis fou ; mon cœur lui-même se dévore.
(Éponine se réveille, se met sur son séant, et écoute.

MANTALE.

Quand elle apprit de moi que vous viviez encore,
Ah ! si vous l'aviez vue ! Immobile, sans voix,
Tout d'abord, — il me semble encor que je la vois, —
Elle me regardait. Le bonheur, pauvre femme !
A son front, par degrés, faisait monter son âme.
Tremblante, tout-à-coup, ce bonheur l'oppressant,
Et de larmes d'amour ses yeux se remplissant :
« Parle, parle, dis-moi, répète-moi.... ton maître !
» Oh ! ne me trompe point ; cela ne peut pas être. »
Et puis, vous le savez, ardente, elle accourut.

SABINUS.

Oui, je m'en souviens. — Oh! quand elle m'apparut,
Comme au fond de cet antre elle me sembla belle!
Alors avec raison je la jugeais fidèle!

MANTALE.

Elle accepta vos maux et ne s'en plaignit pas.

ÉPONINE
a part.

Jamais!

MANTALE.

Elle trouvait le bonheur dans vos bras.

ÉPONINE.

Je l'ai trouvé neuf ans. Jamais rien dans le monde
Ne valut ce bonheur, ô caverne profonde!

La porte de la prison s'ouvre doucement. Parait Lucius. Immobilité de tous
les personnages.)

LUCIUS.

Partons.

ÉPONINE
s'élançant de son lit).

Lucius!

SABINUS ET MANLALE.

Lui !

LUCIUS.

Quittez cette prison :
Le geolier est séduit. J'ai troublé la raison
Des gardiens vigilants avec du vieux Formie ;
Hâtons-nous de partir, leur troupe est endormie.
Voici des palliums. Il est nuit ; tout est prêt ;
Vos deux enfants sont là. Par un chemin secret
Vous sortirez de Rome, et, terminant vos peines,
Renaîtrez au bonheur. — D'abord, brisons vos chaînes.

(Il s'approche de Sabinus et se prepare à limer ses fers. Sabinus le fulmine
d'un regard.)

LUCIUS.

Qu'avez-vous ? et pourquoi me regarder ainsi ?
(A Éponine.)
Pourquoi baisser les yeux ? que veut dire ceci ?

SABINUS.

Que moi je ne pars point, je reste.

LUCIUS

Dieux ! qu'entends-je.

Qu'est-il donc arrivé? quel sentiment étrange?...

SABINUS.

Il le demande!

LUCIUS.

Moi qui croyais tout sauvé.
Aurais-je tout perdu? Qu'est-il donc arrivé?
Ils ne répondent rien! — Oh! j'y songe! j'y songe!
(A Sabinus.)
Serais-je sous le poids d'un horrible mensonge?
Auriez-vous déjà vu mon farouche ennemi?
Des fureurs de l'amant accuse-t-il l'ami?
Et vous, avez-vous cru?

SABINUS.

L'hypocrite se couvre
D'un masque d'honnête homme.

LUCIUS.

Eh bien! mon âme s'ouvre.
Oui, c'est moi qui vous perds. Vindex a pu me voir
Avec votre Éponine, et par là concevoir,
Inventer.... — Eh bien! oui, je l'ai beaucoup aimée.

SABINUS.

Ah! vous l'avouez!

LUCIUS.

Mais dans mon cœur renfermée
Et mourante aujourd'hui, se tait la passion.

SABINUS.

Que ce front sait cacher la honteuse action !
En effet, il est beau, je comprends qu'on s'oublie.

LUCIUS.

Libre je la croyais, puisque la mort délie.
Mais enfin votre sort, vos fils, son dévoûment,
Je sus tout. J'étouffai l'honnête sentiment
Coupable dès ce jour. J'ai souffert, je l'avoue :
J'ai lutté, j'ai vaincu.

SABINUS.

S'il disait vrai ! Sa joue
Rayonne de pudeur. Reptile dévorant,
Dont la dent sans pitié déchire un cœur souffrant,
Arrête, laisse un peu respirer ta victime. —
Ne pas croire ! Je crois, je dois croire à ce crime
(A Lucius.)
Détourne ton visage, il me trouble. Je voi
D'une noble vertu le caractère en toi.
Ton regard la respire, et ce n'est qu'un mensonge.

MANTALE.

Vous vous livrez encore au serpent qui vous ronge?

SABINUS.

Il rirait, le premier, de ma crédulité.

LUCIUS
(avec désespoir et effusion entière).

Mon Dieu! mon Dieu! mon Dieu! mais cette liberté
Que j'apporte, s'enfuit. Hâtez-vous, l'heure passe;
Tuez-moi, mais partez; prenez mon sang, mais grâce,
Grâce pour eux, pour vous, le bourreau vous attend.
Je ne pourrai donc pas vous convaincre! Et pourtant,
Si vous me connaissiez! Mais si leur sort vous touche!
(A Éponine.)
Mais vous, dites-lui donc de votre propre bouche
Que je n'ai rien au cœur, rien que de généreux;
Que si je vous aimais, si je fus malheureux,
Si même j'ai versé lâchement quelques larmes
Sur tant de dévoûment, de vertus et de charmes,
C'est qu'il fallait combattre un amour trop profond,
Et que, pour l'arracher, j'ai fouillé jusqu'au fond.

ÉPONINE.

Il croirait moins encore.

SABINUS.

Oui, je croirais peut-être :
La vérité n'a point d'autre accent.

MANTALE.

Croyez, maître,
Ayez-en le courage, il est digne de foi.
Car c'est un noble cœur.

SABINUS
(à Mantale).

Tu croirais aussi, toi?

ÉPONINE.

Demain, si tu le veux, tu combattras ce doute :
Je te pardonne, ami. Mais cette nuit, écoute :
On t'offre le salut, songe à tes deux enfants,
A ce qu'ils ont souffert : c'est assez de neuf ans.

SABINUS.

Mes enfants! en effet, et qui pourrait le croire
Que je les ai chassés ainsi de ma mémoire?
(A Éponine.)   (A Lucius.)
Moi, leur père, pourtant! Calomniée! — Et vous!

LUCIUS.

On va venir, on vient.

SABINUS.

Je ne suis plus jaloux.
Partons, je ne crois point qu'il t'ait voulu séduire;
Partons, je suis guéri, je me laisse conduire.
O mon libérateur, cette noble action....

ÉPONINE
(transportée).

O bonheur !

LUCIUS.

O triomphe !

(Vindex apparaît sur le seuil de la prison avec des soldats.)

SABINUS, ÉPONINE, LUCIUS.

O malédiction !

VIII.

LE TRAITRE.

———

VINDEX.

Ah! ah! l'on s'échappait! la mesure était prise!
Je le savais; je viens renverser l'entreprise.

(A Sabinus.)

Il veillait, mais je veille. Ainsi, répondez-moi,
Vous acceptez l'amant qui vous sauve? ou, la foi
Se trouve dans ce cœur si fort enracinée,
Que.... Mais j'en ai, vraiment, l'âme tout étonnée. —
Lucius, je le vois, ne vous est pas connu;
Qu'il soit donc démasqué, car son jour est venu.

(A Lucius.)

On devait te saisir demain, traître, mais comme
Je te trouve, la nuit, dans les prisons de Rome,
A les faire évader employant tout ton art.

Je t'arrête ; voici les ordres de César.

*Il lui présente le décret de Vespasien et fait signe aux soldats de l'enchaîner.
Lucius n'oppose aucune résistance.)*

Tu fuyais avec eux : j'ai prévenu ta fuite.

(A Sabinus.)

Sabinus a pensé dans sa foi sans limite

Qu'un noble dévoûment venait briser ses fers.

(A Lucius.)

Tu feins de les servir, perfide, tu te sers.

(A Sabinus.)

La mort le menaçant, à cette heure suprême

Il sauvait votre femme, et se sauvait lui-même.

LUCIUS
(avec le calme de la vertu et de la résignation).

C'est fait. Tout, je le sens, a tourné contre moi.

C'est vrai, je suis vaincu, la victoire est à toi.

En machinations Vindex est trop habile

Pour qu'avec lui j'engage une lutte inutile.

Jouis de ton triomphe, il est juste, et surtout

Ne va pas oublier de le vanter partout.

(Avec noblesse.)

Pourtant n'espère point qu'au visage me monte,

En face du public, la rougeur de la honte.

Le méchant est sans force une fois abattu,

L'homme intègre est encor debout dans sa vertu.

VINDEX.

Admirez le pouvoir d'une heureuse habitude !
Il s'est fait dans sa vie une si noble étude
De jouer devant nous l'homme de probité ,
Qu'il garde, même ici, son visage emprunté.
Dissimulation en malheurs trop féconde !
Que d'écueils ténébreux cache cette eau profonde !
Beaucoup jugent en toi, d'un œil peu pénétrant,
Pur ce qui semble pur, grand ce qui paraît grand :
Mais lorsqu'on a des cours un assez long usage ,
On ne s'arrête point à ce premier visage ,
On pénètre plus loin : l'autre est enfin connu ;
César a vu l'erreur, il en est revenu.

SABINUS
(à part).

Oh ! ses cruelles mains ont rouvert ma blessure !

ÉPONINE
(avec lenteur d'abord et un calme apparent).

Quel bonheur ! n'est-ce pas , qu'une vengeance sûre ?
Comme elle sait calmer les souffrances du cœur !
Tu nous tiens tous les trois sous ton genou vainqueur ;
Tu pourras voir enfin , pour assouvir tes joies ,
Palpiter sous le fer chacune de tes proies.
Fais plus encore : sois le sacrificateur ;
Réclame de César l'office du licteur.

Mais quoi ! la mort n'est rien pour briser une femme.
Comment ! tuer le corps, quand on peut tuer l'âme !
Il fallait m'avilir aux yeux de mon époux.
Nos coups, tu l'as compris, valent mieux que tes coups.
Contre moi dans son cœur soulever un orage,
C'est l'unique plaisir qu'il fallait à ta rage.

(Avec explosion.)

Non pas, c'est une erreur, traître, c'est une erreur.
Toi, tromper mon mari ! va tromper l'empereur !
Sabinus ne croit pas ta grossière imposture ;
Sabinus me connaît, il sait que je suis pure,
Il sait toute ma vie, il sait mon dévoûment.
Il sait que Lucius n'était point mon amant ;
Ami trop généreux, il sauvait tes victimes ;
Il partage leur sort, et voilà tous ses crimes.
Toi, poursuis ton triomphe et tes faits éclatants,
Jouis de nos douleurs, ce n'est pas pour longtemps.
Les Dieux nous vengeront ; leur justice tardive
Marche d'un pied boiteux, monstre, mais elle arrive.

VINDEX.

Comme sa voix, ses yeux, son geste courroucé,
Trahissent les transports de ce cœur insensé !
Quelle noble chaleur ! et qu'un ami si tendre
Goûte secrètement du bonheur à l'entendre !
Oui, oui, vienne la mort, ils ne la craignent pas,

Et tous deux vers la hache iront du même pas,

Car ils s'aiment : la mort comme l'amour rassemble ;

Tout pour eux est de vivre ou de mourir ensemble.

(Avec fureur.)   (Allant vers la porte.)

Ensemble ! eh bien, non pas, non pas. — Geolier, holà,

Geolier !

(Le geolier entre. Vindex lui montre une porte à gauche.)

Ouvrez ici.

(On entraîne Lucius. Vindex montre au geolier une autre porte à droite.)

Maintenant, ouvrez là.

(A part.)

Il me reste un moyen sûr.

ÉPONINE
(à part).

Et tout m'abandonne !

Seule avec mon bourreau, seule ! grands Dieux !

SABINUS
(à Vindex, avec rage).

Personne

Ne t'écoute, entends-tu ? De tes propres tourments

Tu te venges sur moi, misérable ! Tu mens.

(Les licteurs entraînent Sabinus.)

8

IX.

LA MÈRE,

—

VINDEX

(avec l'expression d'une joie féroce. — à part).

Les enfants sont ici ; par eux j'espère encore.

(Les licteurs reviennent. — Il les congédie.)

ÉPONINE.

Pense-t-il qu'à présent ma faiblesse l'implore ?
Pense-t-il me dompter, et que par la terreur
Soumise, j'aille enfin céder à sa fureur ?

VINDEX.

Je sentais qu'à mon cœur vous étiez nécessaire ;
Certes, je vous aimais, et d'un amour sincère :

Mais tu l'as irrité, femme, par ton mépris,

Et j'ai fait le serment de te vaincre, à tout prix.

Mon sein n'a plus sa paix; il gronde sous l'orage

Qu'y souleva l'amant que j'immole à ma rage;

Lui seul a tout perdu, car sans lui je n'avais

Que dévoûment pour toi, femme, je te sauvais;

Je priais, je pressais, j'obtenais votre grâce.

Mais vous m'avez haï! mais la haine s'amasse

En vous de plus en plus! Sachez donc, — sachez donc

Qu'avant votre arrivée et ce fol abandon,

Je le détestais, lui; que j'ai senti ma haine

Croître et grandir, depuis que l'amour vous l'enchaîne;

Qu'il faut.... Ne dites point qu'il n'est pas votre amant;

Eh! ne le voit-on pas à cet élancement

D'un cœur bouleversé, délirant, implacable,

Empruntant aux enfers les noms dont il m'accable?

(Avec force.)

Ce n'est que pour lui seul que vous tremblez ici.

(Avec un sourire terrible, et plus lentement.)

J'oubliais vos enfants, vous êtes mère aussi.

ÉPONINE
(tressaillant. — à part).

Ce sourire en mon âme est entré comme un glaive.

(Haut. — avec force.)

Non, je suis folle, non. Tu perds ton temps, achève.

VINDEX.

De l'amour mieux que moi Lucius connaît l'art ;
Mais je sais me venger ; n'y songez pas trop tard.

ÉPONINE.

César s'attendrira pour une pauvre mère ;
Il saura mon histoire, et peut-être....

VINDEX
, vivement.

Chimère !

ÉPONINE.

C'est une noble histoire. Elle le touchera ;
Mes larmes parleront. Il nous pardonnera.

VINDEX

Chimère ! — Vous touchez deux fois à sa couronne,
O femme, et vous voulez que César vous pardonne ?
Vous n'y pensez donc pas ? Mais l'homme est ainsi fait,
Qu'il poursuit une offense et néglige un bienfait ;
Reconnaissance pèse, et vengeance profite.
Maintenant, pensez-y, la vengeance va vite.

ÉPONINE.

Trop tardive pour vous, hâtez donc ses lenteurs.

Bourreau, nous voilà prêts, amenez vos licteurs.

VINDEX
(froidement).

Pour d'autres que pour vous aurez-vous ce courage?

ÉPONINE.

La mort? mon Sabinus la préfère à l'outrage.

VINDEX.

Et Lucius?...

ÉPONINE.

    Hélas! — mais plus grand que le sort,
Il saura, comme nous, voir en face la mort.

VINDEX
(avec force).

Et vos enfants?

(Éponine tressaille.)

    Sur eux si ma colère tombe,
Je n'ai qu'à dire un mot, ils changeront de tombe.

ÉPONINE
(se rassurant).

Vespasien serait aussi cruel que vous!
Jusque sur mes enfants s'étendrait son courroux!...
Non. — Qui ne publirait sa sagesse profonde,
S'il voulait par leur mort sauver la paix du monde?

Non ; ce n'est pas un tigre altéré de leur sang.
Il s'armera pour eux d'un front moins menaçant.

VINDEX.

On ne jugera pas cette mort inutile,
Car n'écrase-t-on point les petits d'un reptile
Dont on aurait bientôt à redouter le dard ? —
Il craint en vos enfants des vengeurs pour plus tard.

ÉPONINE
(bouleversée).

Oh !

VINDEX.

Mais de ce souci c'est moi qui le délivre.

ÉPONINE
(tremblante, égarée, d'une voix étouffée).

Vous !

VINDEX.

Tous deux, cette nuit, auront cessé de vivre.

ÉPONINE
(même égarement, même ton).

Vous !

VINDEX.

Moi-même. Parlez. Le voulez-vous ? J'attend.

Je les fais étouffer, ici même, à l'instant :
Et je dirai demain qu'une odieuse mère
Ayant trouvé pour eux la servitude amère....

ÉPONINE.

Oh !

VINDEX.

Fléchissez alors.

ÉPONINE
(entrecoupant ses paroles).

Oh ! non, vous n'avez pas....
Oh ! non.... si froidement.... calculé ce trépas.
Et que vous ai-je fait, moi?... Je.... C'est impossible....
C'est pour me faire peur.... Non, vous êtes sensible,
Vous ne le voudrez pas.... Je n'ai point de mépris
Pour vous.... moi.... Je....

VINDEX
(froidement).

L'on va.... Vous entendrez leurs cris,
Et vous verrez....

(Il fait un mouvement vers la porte.)

ÉPONINE.

Oh ! mais c'est une chose horrible....

(Silence. — Elle tremble de tout son corps, et, levant ses yeux vers le ciel.)

O Dieux, faites-moi forte à cette heure terrible !

VINDEX.

Leur sort dépend de vous; réfléchissez bien.

ÉPONINE

(Tournée a demi vers Vindex, avec l'effort surnaturel d'une resignation
sespérée, mais puissante).

                                        Non.
VINDEX.

Demain cette mort-là flétrira votre nom.
Complot! infanticide! adultère! Ma haine

(Il va à la porte.)

Vous écrase! — Licteur!

                              (Un licteur parait.)

        Les enfants. Qu'on les mène.

LE LICTEUR.

Votre père, à présent, vient de les enlever.

VINDEX
(avec rage).

Qui?

LE LICTEUR.

Votre père.

                    (Vindex reste anéanti.)

ÉPONINE
(avec transport, et comme soulagée d'un poids énorme).

O Dieux! vous vouliez les sauver.

X.

LE DRAME.

(L'assemblée du sénat au forum. Des stalles autour de la salle pour les sénateurs. A une légère élévation, un trône pour l'empereur et un siège pour le
préteur. Au-dessous se trouvent les bancs des avocats. Le peuple est dans le
fond, séparé de l'enceinte par une barrière de bois.)

LE PEUPLE.

(Dans ce moment l'enceinte est vide.)

Ils seront condamnés. — Non pas. — La chose est sûre.

— Avez-vous donc suivi toute la procédure?

— Toute. Scribe, préteur, accusés, avocats,

Je n'ai fait à pas un défaut. — Mais dans ce cas,

Vous avez entendu la défense; il me semble

Que c'est là bien parler. — C'est selon, mais je tremble.

— La clepsydre a pour lui cinq ou six fois coulé.

— Voilà tout son mérite, il a beaucoup parlé.

Des Gaulois, des Germains pourquoi la longue histoire?
— S'il le fallait pourtant! — Oui, beaucoup de mémoire,
Mais d'éloquence, point. — Vous êtes dans l'erreur.
— Ah! voici le sénat, suivi de l'empereur.
— L'empereur! — L'empereur!

(Entre Vespasien, suivi du sénat.)

UN HÉRAULT.

A l'empereur qui passe,
Citoyens, faites place, au sénat faites place.

VESPASIEN
(au préteur, qui s'assied à ses côtés).

Voici l'occasion de frapper un grand coup;
Si je laissais flotter les rênes sur son cou,
Le peuple, sourd bientôt à ma voix souveraine,
Trainerait les débris de mon char sur l'arène.
Il deviendrait trop fort par cette impunité.

LE PRÉTEUR.

N'écoutez, empereur, que la nécessité.

(Un hérault s'avance au milieu de l'enceinte, et d'une voix forte annonce la
fin des débats.)

LE HÉRAULT.

Les plaideurs ont parlé.

(Lucius va se jeter aux pieds de l'empereur.

LUCIUS.

Je n'ai point de complice,

Empereur, sur mon front tombe votre justice !

Et veuillez pardonner à ceux-ci, qui, sans moi,

Ne seraient point courbés sous le fer de la loi.

Tout leur crime, aujourd'hui, César, je le proteste,

Est d'avoir accepté mon amitié funeste.

(Rumeur générale. César fait un mouvement. Éponine pousse un cri.)

VESPASIEN
(à Lucius).

Ainsi vous confirmez le rapport des témoins !

Vous pourtant, vous celui qu'on soupçonnait le moins !

Plus stables me semblaient les vertus de cet homme,

Romains, que ne le sont les collines de Rome !

(Sur un signe de l'empereur, les juges se lèvent, et formant dans l'enceinte
un cercle, s'entretiennent à voix basse. L'empereur se mêle avec eux.)

LUCIUS
(à part).

Peut-être par ma mort sauverai-je leurs jours !

Quant à moi, je n'ai point à rougir, car toujours

Les équitables mains de l'avenir entr'ouvrent

Les voiles ténébreux, vérité, qui te couvrent !

ÉPONINE
(à part).

Pour nous, pour nos enfants, il veut se dévouer !

SABINUS
(à part).

Pour elle il conspirait, car il vient d'avouer.

(Vindex s'approche a pas lents d'Éponine, et lui parle à l'oreille. Sabinus est
derrière, et entend, sans que Vindex s'en aperçoive.)

VINDEX.

Je sais tout à présent. Chaste entre les épouses,

Vous calmez les transports de mes fureurs jalouses :

Lucius vous aimait, comme on aime une sœur,

Et c'est à tort qu'en lui j'ai vu le ravisseur ;

Il est accusé même à tort, mais il doit l'être,

Car s'il ne tombait point, je tomberais peut-être.

Maintenant, contre vous on doit voter aussi ;

J'ai la majorité dans mes mains, songez-y.

Si le sort d'un époux, de deux enfants, vous touche,

Je n'attends qu'un seul mot, un seul de votre bouche.

(Les doutes de Sabinus sont complètement dissipés. — Éponine, frémissante,
repousse Vindex d'un regard fulminant.)

ÉPONINE.

Retire-toi, vipère.

(Vindex recule, et, rencontrant le regard terrible de Sabinus, il pâlit et s'é-
loigne. Sabinus se tourne vers sa femme, avec une expression indicible d'a-
mour et de regret.)

ÉPONINE
(avec transport).

Ah ! son cœur m'est rendu !

SABINUS.

De toi je suis indigne.

VINDEX
(à part).

Il a tout entendu !

Qu'elle meure !

SABINUS
(montrant Lucius).

Et lui, lui, barbare jalousie !

Un homme pur !

ÉPONINE.

Une âme entre toutes choisie !

SABINUS.

Oh ! je veux.... Insensé, que puis-je, moi, grands Dieux ?

(Mouvement parmi les licteurs.)

LES LICTEURS.

Que font les prisonniers ? — Ils se font leurs adieux.

(Sabinus s'approche de Lucius.)

SABINUS.

Jeune homme, quel destin t'a poussé sur ma route?
Noble cœur! trois fois noble! Entre vous deux, je doute
Lequel surpasse l'autre en grandeur, en vertu.
Pour moi qui t'accusais tu vas mourir. Sais-tu
Que je fus bien cruel, ami, contre toi? Daigne,
Daigne me pardonner, car, vois-tu, mon cœur saigne.

(L'entretien des juges est terminé. Vespasien retourne à sa chaise curule. Le
préteur se lève et s'avance au milieu de l'enceinte. — Silence profond.)

LE PRÉTEUR.

Je propose la mort. Que chaque sénateur
Donne ou refuse un vote au décret du préteur.
Qu'une majorité se forme. — Prenne place
A gauche qui condamne, à droite qui fait grâce.

(Les sénateurs se lèvent pour former la majorité. Chacun d'eux passe avec une
lenteur solennelle du côté qu'il a choisi. Vindex jette vivement un mot dans
l'oreille des juges corrompus.)

VINDEX.

Pas de grâce pour eux! le sort en est jeté.

LES JUGES CORROMPUS.

Passons. — Passons.

LE PRÉTEUR.

La gauche a la majorité.

(Tumulte. — Éponine va se jeter aux pieds de César, conduisant chacun de ses
enfants par la main.)

ÉPONINE.

César, vous êtes père, et vous avez une âme.

Vous aurez donc pitié de cette pauvre femme !

Détournez votre esprit de ces hommes de loi ;

Ils ne comprennent point ; mais vous, écoutez-moi,

N'écoutez que moi seule. On vous ment, je vous jure.

Nous vivions dans la nuit : le soleil, la nature,

Pour nous étaient perdus ; tout le crime est d'avoir

Déserté notre tombe, afin de les revoir :

Cette tombe, empereur, vous l'avez découverte.

On dit que Sabinus y tramait votre perte !

Lui, mon Dieu, de si loin ! Non pas, non pas, César,

(Montrant Vindex.)

Il a menti, cet homme, aidé par le hasard.

Nos premières erreurs ne laissaient plus de trace

Dans votre souvenir ; sans lui vous faisiez grâce.

Il a perfidement, croyez, Vespasien,

Avec le fait nouveau mêlé le fait ancien.

J'en jure par les Dieux, par vos fils, par vos pères,

(Montrant ses enfants.)

Par le sénat romain, par ces têtes si chères.

*(Vespasien, ému, fait un mouvement pour s'en aller; Éponine le cloue dans
l'immobilité.)*

(Avec désespoir.)

Oh! vous m'écouterez! non, vous ne voudrez pas,

Si brusquement, César, les ôter de mes bras.

(Avec larmes.)

Vous le voulez! Eh bien! s'il faut que le sang coule,

Appelez vos bourreaux, et que ma tête roule.

Prenez mon sang, ma vie, épargnez mon mari.

Moi, n'est-ce pas assez? Sur ce couple chéri

Ne faut-il pas veiller? Lui seul peut les instruire.

Mais moi, qui ne sais rien, que leur pourrais-je dire?

Moi, je leur ai donné mon lait et mon amour,

Ils n'en ont plus besoin. — César, c'est à son tour.

(A ses enfants.)   *(A Vespasien.)*

Enfants, joignez vos mains; — pour eux sauvez leur père.

SABINUS

à part.

Jamais sur les vieux cœurs l'éloquence n'opère.

LUCIUS

(à part.

Comme elle doit souffrir!

(Vespasien fait un pas pour sortir.

ÉPONINE.

Mais comment, mais comment?
Je vous parle, empereur, c'est inutilement?

(Le saisissant par sa toge.)

Vous ne m'entendez point? Mais à vous je m'attache.
Ils vous ont fait méchant ces juges.

(Le préteur veut dégager l'empereur, et l'entraîner.)

Oh! le lâche!
Je ne vous parle pas, je parle à l'empereur.

(L'empereur, dégagé, fait un pas.)

Il s'éloigne! il s'éloigne! ô Parques!

SABINUS
(à part).

O fureur!

(D'une voix terrible.)

César!

(Tous les yeux se tournent vers Sabinus. — Silence profond.)

(Éponine s'élance vers lui, suppliante, et, lui montrant ses fils, lui fait signe
de se taire. — Tumulte.)

SABINUS
(à part).

Elle a raison. Ferme ta bouche, esclave.
Haine, éteins le cratère et comprime ta lave.
Honte, indignation, noble élan du courroux,

Frémissements tardifs, délire, arrêtez-vous,

Vous tûriez ces enfants : ces enfants doivent vivre.

—Mais s'ils mouraient aussi ! Je sens qu'ils vont me suivre,

Je l'ai dit, je le sens. La hache des licteurs....

Le poteau.... Mais alors....

(Il paraît en proie aux transports les plus violents. — D'une voix terrible.)

Flavien, sénateurs....

ÉPONINE
(à demi-voix).

Morts, si tu parles, morts !

(L'empereur s'est éloigné. — Tout-à-coup, Vindex père se précipite dans l'enceinte, après être parvenu à se frayer une route difficile à travers la foule.)

VINDEX
(troublé).

Mon père !

(Étonnement, curiosité, silence.)

VINDEX
(au préteur).

Je vous jure,

Vous croirez un vieillard, que c'est une imposture.

Oh ! si vous connaissiez la machination !

Les époux ignoraient la conspiration,

Lucius l'ignorait. Par esprit de vengeance

On les a déclarés tous trois d'intelligence ;

Tous trois sont innocents de l'horrible forfait.

Cécine et Métellus, préteur, avaient tout fait. —

Un traitre.... Le devoir veut que je vous le nomme :
Quand les fils de Brutus voulurent trahir Rome ,
Leur père prononça contr'eux le jugement.
Et moi seul manquerais de courage? — Il vous ment.
Des plus affreux desseins son âme est toujours pleine.
Hier, vers le palais je volais hors d'haleine,
Pour tout dire à César, mais mon fils le savait,
Le palais est fermé. Sur le seuil il avait
Disposé des soldats pour défendre la porte;
Et, ce matin encore, armée, une cohorte
M'empêchant de sortir, entourait ma maison.
Cette nuit, sénateurs, Vindex dans la prison
Pour prémices, — mes mains ont prévenu son crime, —
Faisait des deux enfants une double victime.

(Tumulte.)

UN SÉNATEUR.

Préteur, cet homme est fou, son témoignage est vain.

VINDEX PÈRE
(étonné).

Fou !

DES SÉNATEURS.

L'esprit des buveurs s'égare dans le vin.
Demandez sa raison aux coteaux de Massique.
— Il a battu son fils sur la place publique.

— Il s'amuse à jeter des pierres aux passants.
C'est un fou dangereux.

VINDEX PÈRE
(avec indignation).

Moi ! j'ai perdu le sens !

LES MÊMES SÉNATEURS.

Il déteste son fils. — Toujours à sa poursuite,
Il a juré sa mort. — Et Vindex par la fuite
Au couteau de son père a souvent échappé.

VINDEX.

Il faut que je l'avoue, il a l'esprit frappé.
Avec ce Lucius protégeant Éponine,
Il approuvait tout haut le complot de Cécine.
Je tremblais pour sa vie ; et, pour cette raison,
J'eus soin de l'enfermer, juges, dans sa maison.
Il s'est enfui, malgré la vigilance active.
Pardonnez, sénateurs, pardonnez, et qu'il vive.
Son esprit est malade, on ne peut le punir ;
J'aurai soin désormais de le mieux contenir.
Croyez-en l'intérêt, sénateurs, qui me lie.

LE PRÉTEUR
(un des ennemis les plus acharnés de Lucius).

Je récuse un témoin convaincu de folie.

L'arrêt est prononcé, le poteau !

VINDEX PÈRE
(à part, avec accablement).

Tout est dit !

(A son fils, levant ses mains contre lui.)

Dans tes biens, dans tes jours, dans ton cœur, sois maudit !

(L'affranchi Mantale, qui avait été mis hors de cause, se glisse dans l'enceinte.)

MANTALE
(à part).

Et contre le maudit personne ne se lève !

Ah ! vous ne vouliez point de moi !

(Cherchant de tout côté.)

Trouvons un glaive.

A moi de me charger de la punition.

(Il saisit l'épée d'un soldat, s'élance sur Vindex et le frappe au cœur. Vindex
tombe.)

Les Dieux ont entendu la malédiction !

(Tumulte. Les licteurs arrêtent Mantale.)

LUCIUS
(à part).

Les Dieux nous ont vengés.

VINDEX PÈRE
(bas à Sabinus et à Éponine).

Demain je quitte Rome

Avec vos deux enfants.

(Les larmes qui le suffoquent ne lui permettent point d'en dire davantage.
Sabinus et Éponine ne trouvent plus de voix, et ne lui répondent que par
leurs regards. Puis, s'emparant tour-à-tour de Julius et de Numa, ils entre-
mêlent leurs frénétiques embrassements dans une confusion ineffable. Les
enfants pleurent et poussent des cris. Le tumulte est à son comble.)

LUCIUS
(à part).

Comme ils souffrent!... et comme
Ces pauvres enfants.... Non, Vindex est là....

LE PRÉTEUR.

Licteurs,
Attachez au poteau tous les conspirateurs.

(Les licteurs s'avancent vers le groupe entrelacé. — Silence morne dans la
foule.)

FIN DE LA DEUXIÈME PARTIE.

TROISIÈME PARTIE.

PERSONNAGES DE LA TROISIÈME PARTIE.

JULIUS.
NUMA. } enfants de Sabinus et d'Éponine.

(La scène est dans la caverne de Langres, neuf ans après.)

LA VISITE AU CAVEAU.

(entrant dans le souterrain avec une torche : il est nuit).

Un trouble me saisit au seuil de ces retraites.
A chacun de mes pas sous les voûtes muettes,
Dans l'ombre autour de moi précipitant leur vol,
Des fantômes connus semblent sortir du sol,
Souvenirs précieux à la fois, pleins de charmes,
Et dans mon cœur brisé faisant sourdre des larmes.
Cet air en est rempli ; des parois du rocher
Mon regard éperdu les voit se détacher.
Je n'irai pas plus loin. — Marche. Il faut que tes haines,
Dans l'intérêt sacré des vengeances prochaines,
Viennent se retremper en ces lieux, que ton cœur
S'y dilate à son aise, et que ce cri vainqueur
Que tant de fois ici mon père fit entendre,
Que ce mot qu'il plaçait sur ma lèvre si tendre,

Liberté, liberté, que ce verbe puissant

Qui respire la guerre et les odeurs du sang,

S'échappe à pleins poumons de mon sein qu'il enflamme.

Comme il jaillissait bien, mon père, de ton âme !

Comme ta voix, tes yeux et ton geste irrité

Nous jetait cet accent : Liberté ! liberté !

— J'entrerai. Mes fureurs me poussent. Un délire

Ineffable, divin, comme celui qu'inspire

Le trépied de l'oracle au fond de l'antre obscur,

S'empare de mes sens. Avançons d'un pas sûr.

A nous, Rome vieillie, horrible débauchée,

A d'éternels banquets sur le monde couchée.

(Il poursuit sa route. Arrivé enfin dans l'intérieur, il aperçoit, à la lueur de la
torche, son frère étendu et qui dort. Un flambeau, attaché à une paroi, jette
une clarté mourante.)

Il a pris les devant. — Numa !

NUMA
(se reveillant).

Songe divin,

Si j'en crois mon ardeur, tu ne seras pas vain.

Te voilà, Julius ! Je l'ai vu.

JULIUS.

Qui ?

NUMA.

Mon père.

Figure-toi ses yeux qu'embrasait la colère :
Une lance à la main, le bouclier au bras,
Suivi des légions, il chassait à grands pas
Devant lui, vil troupeau, les despotes du Tibre,
Et criait en courant : Gaule, tu seras libre.
Contre nos ennemis, moi-même, haletant,
Je volais sur les pas de ce cher combattant.
Ils tombaient sous nos coups comme une moisson mûre.
Je t'appelai, tu vins éclatant sous l'armure,
Et tous trois.... — La bataille au fond de mon cerveau
Bouillonnait. Rêve éteint! nous sommes au caveau.

JULIUS.

Sublime conseiller que ce caveau, mon frère!
Songe pour nous heureux, mais à Rome contraire!
L'avenir, l'avenir s'entr'ouvre à nos regards.
Oui, nous broirons un jour le trône des Césars;
Oui, n'est-ce pas, berceau de nos jeunes années,
Que vous nous réserviez ces hautes destinées?

(Il se trouble.)

Quel tumulte en mon cœur et quels bouillonnements!

NUMA.

Et moi, c'étaient des cris et des rugissements,
Tout à l'heure, mon frère.

JULIUS.

Ah! Numa, ses mamelles
Se gonflèrent ici pour nos bouches jumelles.
Chère Éponine! ô Dieux!

NUMA.

Et c'est entre tes mains,
Ici, que nous jurions la haine des Romains,
Mon père.

JULIUS
(pleurant).

Malgré moi des pleurs!... Ah! qu'Éponine
En abreuva souvent notre lèvre enfantine
Dans ses baisers de mère ardente, et que ces lieux
En ont, neuf ans entiers, vu couler de ses yeux!

NUMA.

Souvenir dévorant!

JULIUS.

Je crois la voir encore,
Sur ce cœur maternel que le chagrin dévore,
Nous presser tous les deux palpitante, et pour nous
Jouant et souriant, Numa, sur ses genoux.

Rasséréner son front, refouler ses tristesses,
Et pour mieux les cacher, redoubler ses caresses.

NUMA.

Et lui! combien de fois, la tête entre ses mains,
(Montrant la place.)
Là, ne le vis-tu pas mêler Gaulois, Germains,
Rome en ses souvenirs, et dans sa douleur mâle
Comprimer des sanglots, étouffés comme un râle? —
Maintenant, Julius, maintenant, je les vois
Sanglants, les yeux éteints, livides, et sans voix,
Se traîner sous la voûte, ombres démesurées,
Pour réveiller en nous les vengeances sacrées.
(Montrant une urne déposée à quelques pas de lui.)
Ils sortent de cette urne, et vers nous s'avançant,
Ils nous ouvrent leurs bras d'où ruisselle le sang.
Du sang dans leurs baisers et du sang dans leurs larmes;
Du sang partout; et puis, j'entends comme un bruit d'armes,
Des haches ont brillé; j'aperçois le licteur,
Flavien, le sénat et l'infâme préteur.
La foule en vain mugit; les deux têtes frappées
Pâlissent sous le fer et retombent coupées.

JULIUS
(prenant l'urne dans ses mains).

Mais je vous vengerai! mais je vous vengerai!
Mère que j'aimais tant, et toi, père sacré.

Ah! si jamais ma main laissait dormir le glaive,
De ces flancs indignés que votre cri s'élève,
Qu'il renaisse implacable, à toute heure, partout,
Et force ma vengeance à se dresser debout!

NUMA.

La vengeance! jurons, Julius, sur cette urne,
Que, cachée en nos cœurs jusqu'ici, taciturne,
Lorsque sonnera l'heure, on la verra bondir
Au milieu des clairons, des chevaux, resplendir
Plus vive que le feu des angons, des cuirasses,
Remuer, soulever les généreuses races,
Bataves et Gaulois, Ibères et Germains,
Qu'elle ensanglantera la pierre des dolmens,
Qu'elle ira de nouveau dans les forêts antiques
Couper le gui sacré sous les faux druidiques,
Qu'elle viendra, poussant le flot des bataillons,
Sur le mont Tarpéien planter nos pavillons.

JULIUS.

Elle est toute en mon sang passée, elle est ma vie,
Elle est moi; c'est le seul besoin, la seule envie,
Le seul amour fervent qui dévore mon cœur,
Ma seule ambition, Numa, mon seul bonheur.

NUMA.

Nous vaincrons, Julius. La Maîtresse du monde
Par la Grèce et l'Asie est devenue immonde ;
Elle aussi va périr. Sa mâle chasteté
S'est amollie au feu de leur impureté.
Lasse enfin de sa gloire, à des bras mercenaires
Ne la voyons-nous point confier ses tonnerres,
Et, la couronne au front, sur un char ennuyé,
Promener dans ses murs un triomphe payé ?
C'est un signe de mort.

JULIUS.

Elle tombe, elle tombe.

NUMA.

Julius, à nos mains de lui creuser sa tombe ;
Gaule, la palme naît pour ton front généreux.
Regarde, Rome penche, et le Nord ténébreux
Sort de l'ombre à son tour. La lumière sacrée,
Par degrés pénétrant la mer hyperborée,
Va sur les bords lointains de ses gouffres obscurs,
Dorer de ses rayons des peuples bientôt mûrs.
Je la vois s'avancer l'épouvantable masse
Des héros chevelus : force, jeunesse, audace,
Hommes nouveaux, au front sauvage, menaçant.

Étranges de costume et de mœurs et d'accent,
Forêt d'hommes, faisant dans ses sombres ramures,
Au souffle de la rage, ouïr d'affreux murmures.

JULIUS
(posant l'urne).

O mânes, écoutez nos imprécations
Contre le peuple-roi, tyran des nations.

(Numa saisit deux brebis, l'une blanche, l'autre noire, qu'il avait apportées,
tire son épée, les égorge et les jette palpitantes sur la terre. — Julius a reçu
le sang dans un vase.)

JULIUS ET NUMA
(la main dans le sang).

Dieux de nos Gaules, Dieux de sang, Dieux des ravages,
Dieux des profondes nuits, Dieux que sur nos rivages,
Hommes, femmes, enfants, adorent à genoux,
Dieux formidables, Dieux cruels, écoutez-nous.
Rome vieillit ; impure et la face rougie,
Bacchante abandonnée aux fureurs de l'orgie,
Hébétée, elle voit chanceler son pouvoir,
Mais elle rit, elle a des yeux et ne peut voir.
C'est le temps, c'est le temps, soulevez les tempêtes.
Rifflendi, dieu du bruit, embouche tes trompettes ;
Hoder, tyran des morts, que tes yeux sans regard
Font surnommer l'Aveugle, et toi, sombre Vidar,
A l'épaisse sandale, au silence terrible,
Tir, cruel entre tous, Salsk au visage horrible,
Niorder orageux qui déchaînes les vents

Et jusqu'au ciel profond pousses les flots mouvants,

Uller, toi qui te plais à courir sur les glaces,

Theutatès, Theutatès, qui diriges les races

Au milieu des combats, qui mets des gants de fer,

Dont la massue aux dents d'airain fait siffler l'air,

Heimdall dont l'œil de feu perce jusqu'aux ténèbres,

Toi, hideuse Héla qui fais les jours funèbres,

Loke, Hérian, Fenris, Migdar, dieux et démons,

Tonnez dans les forèts, éclatez sur les monts,

Appelez, appelez des plus lointains rivages

Vers les sommets alpins tous les peuples sauvages :

Oh! qu'ils viennent à nous, et nous les conduirons.

Grincez, cordes de l'arc, et vous, sonnez, clairons;

Vous, chevaux, écumez, creusez du pied la terre.

Roulez, ô chars; — soldats, jetez le cri de guerre,

Votre jour est venu, levez-vous, accourez

Blonds comme les épis, plus nombreux, plus serrés,

Car le drame romain touche à son dernier acte.

Torrents dévastateurs, tombez en cataracte

De ces monts éternels, de ces sommets blanchis

Que pour vous asservir Rome un jour a franchis.

Venez tous; l'Italie est une riche proie;

Venez tous; la curée est immense. A vous joie,

Ivresse des festins, bonheur, et volupté

Et gloire, à vous l'empire, à vous la liberté.

(Ils répandent le sang sur la terre.)

10

Et maintenant, adieu, retraite vénérée ;
Nous partons pour remplir la promesse sacrée.
Si nous sommes vainqueurs, nous reviendrons un jour
Te payer, cher caveau, le tribut de l'amour :
C'est alors que pour toi coupant les plus beaux arbres,
Façonnant l'or, tordant l'airain, taillant les marbres,
Le ciseau de l'artiste en temple solennel
Changera ce tombeau, monument éternel,
Où, du peuple suivi, le front ceint de guirlandes,
Le prêtre apportera les vœux et les offrandes,
Où, satisfaits enfin, les deux jumeaux vengeurs
Laisseront reposer ces mânes voyageurs.

(Ils prennent l'urne et sortent du caveau.)

FIN DE LA TROISIÈME ET DERNIÈRE PARTIE.

TABLE.

	Page
Conditions nouvelles de la Poésie	i
Argument de l'Épisode	ix

PREMIÈRE PARTIE.

I. Les Enfants	3
II. Insomnie	10
III. Tentation	13
IV. La Nature	18
V. Découverte	25
VI. Le Père	31

DEUXIÈME PARTIE.

I. L'Ami	39
II. César	47
III. Sénateurs	56
IV. Mystère	61
V. La Patrie	80
VI. Jalousie	89

VII. Le Sauveur 99

VIII. Le Traître 109

IX. La Mère 114

X. Le Drame 121

TROISIÈME PARTIE.

La Visite au Caveau 137

FIN DE LA TABLE.

www.ingramcontent.com/pod-product-compliance
Lightning Source LLC
LaVergne TN
LVHW012248170726
843503LV00002B/464